기적의 숫자 퍼즐

네모네모

nemonemo logic

로직

제우미디어 편저

nemonemo logic Vol.40

Contents

풀이법 · 3

Part A · 7

Part B · 41

Part C · 81

Part D · 121

해답 · 135

판권 · 156

nemonemo logic *Vol.40*

■■■■■■■■■■■ 네오네오 로직 실전 풀이법

설명의 순서대로 한 번만 따라 칠해보면 로직해법을 마스터할 수 있습니다!

한번만 따라하면
해법이 머리에 쏘옥~

직접 네모 속에 칠해 주세요!

자! 펜을 들고 따라해 봅시다!

■ 기본 규칙

- 숫자는 연속해서 칠해야 하는 칸 수를 의미한다.
- 여러 개의 숫자가 함께 있을 때는 순서대로 칠하되, 숫자와 숫자 사이에 반드시 한 칸 이상을 띄고 칠해야 한다.
- 확실히 칠할 수 없는 칸은 X로 표시해 두자.
- 완성된 숫자는 O로 표시해 두자.

1

일단 문제를 보자. 문제의 크기는 5X5이다.

❶ 위쪽의 3은, 해당하는 세로줄의 다섯 칸 중에서 세 칸이 연속해서 칠해져야 한다는 뜻이다.

❷ 왼쪽의 2, 2는 해당하는 가로줄의 두 칸을 연속해서 칠한 후, **한 칸 이상을 띄고** 다시 두 칸을 연속해서 칠해야 한다는 뜻이다.

2

왼쪽의 5는 다섯 칸이 연속해서 칠해져야 하니 다섯 칸을 모두 칠하고, 완성된 5에 O로 표시해 두자.

네 모 네 모 로 직   풀 이 법

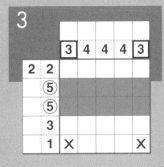

위쪽의 3은, 세 칸이 연속해서 칠해져야 하니 맨 밑줄은 칠할 수 없게 된다. X로 표시해 두자.

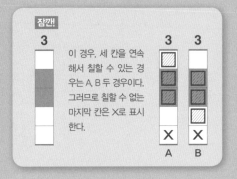

잠깐!

3

이 경우, 세 칸을 연속해서 칠할 수 있는 경우는 A, B 두 경우이다. 그러므로 칠할 수 없는 마지막 칸은 X로 표시한다.

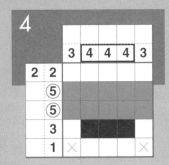

위쪽의 4는, 네 칸이 연속해서 칠해져야 하니, 경우의 수를 따져보면 네 번째 줄은 모두 칠해지게 되어있다.

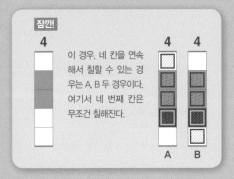

잠깐!

4

이 경우, 네 칸을 연속해서 칠할 수 있는 경우는 A, B 두 경우이다. 여기서 네 번째 칸은 무조건 칠해진다.

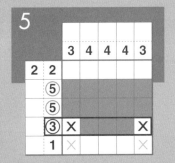

이렇게 되면, 왼쪽의 3이 완성된다. 완성된 3에 ○로 표시해 두고, 네 번째 줄의 양 옆을 X로 표시해 두자.

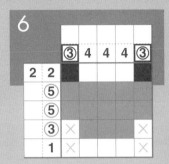

6

위쪽의 3을 다시 보자. 네 번째, 다섯 번째 줄이 X로 표시되어 있으니, 자연스럽게 <u>**첫 번째 줄을 칠해야 3이 완성**</u>된다. 완성된 3에 ○로 표시해 두자.

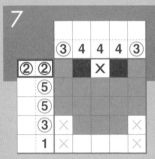

7

<u>**왼쪽의 2는 두 칸이 연속해서 칠해져야 하니,**</u> 두 번째 칸과 네 번째 칸을 칠해야 2가 완성된다. 세 번째 칸은 X로 표시하고, 완성된 2에 ○로 표시해 둔다.

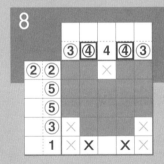

8

이렇게 되면 위쪽의 두 번째, 네 번째 4가 완성된다. 완성된 4에 ○로 표시해 두고, 맨 밑줄을 X로 표시해 둔다.

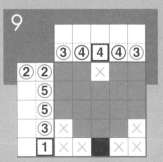

9

자, 이제 남은 것은 위쪽의 4와 왼쪽의 1이다. <u>**맨 밑줄의 남은 한 칸을 칠하면,**</u> 위쪽의 4이자 왼쪽의 1이 완성된다.

												1	2
					1		4	4			2	1	5
				6	3	4	3	1		2	1	1	1
				2	1	4	1	2	10	1	1	1	1
			10										
	1	5	2										
1	4	1	1										
1	4	1	1										
	1	2	2										
			6										
	3	1	3										
		3	1										
1	1	2	3										
		2	3										

잠깐!

네모 로직의 문제 크기가 큰 경우, **큰 숫자부터 공략하는 것**이 효과적이다.

표시된 줄을 살펴보면,
한 줄인 열 칸 중에 열 칸 모두 연속해서 칠해진다.
이렇게 큰 숫자부터 칠해놓고 나면,
오른쪽 상단의 6이 맨 윗칸부터 연속해 칠해지게 되므로,
나머지 경우의 수를 쉽게 풀어갈 수 있다.

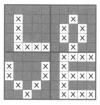

■■■■■■■■■■■■ 중요한 로직 풀이 Tip! ■■■■■■■■■■■■

문제의 크기가 큰 로직 중에는 위의 설명만으로 해결되지 않는 것이 있다.
그럴 때 이것만 기억해 두면 손쉽게 풀 수 있다.

위에서부터 칠했을 때와 **아래에서부터 칠했을 때**를 생각한 후 **겹쳐지는 칸**이
어디인지를 찾는다. 점을 찍어가며 생각하면 편하며, 이때 숫자의 순서는 반드
시 지킨다.

① 한 칸에 점을 찍고, 한 칸 띄고 6칸에 점을 찍는다.
② 뒤에서부터 6칸에 점을 찍고, 한 칸 띄고 한 칸에 점을 찍는다.
③ 겹치는 부분을 찾아 칠한다.

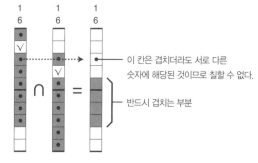

이 칸은 겹치더라도 서로 다른
숫자에 해당된 것이므로 칠할 수 없다.

반드시 겹치는 부분

NemoNemo Logic Vol. 40

PART A

SIZE : 20×20 25×25

난이도 ●●

A1 색이 화려하면 먹지 마세요!

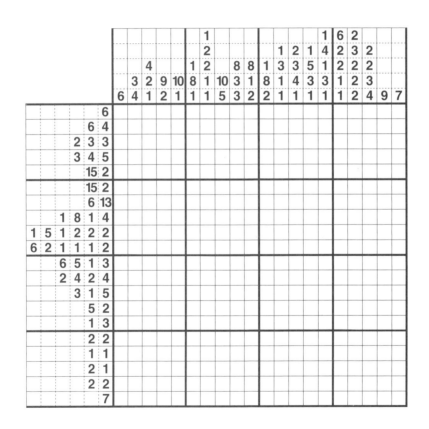

난이도 ●●●●●

A2 한복을 입을 때는 ○○을 신어요

			1	1	2	2	8	2									1	1	
	2	1	1	1	2	2	2	2	11	1	1	1	1	1	1	1	3	7	
11	7	6	3	2	1	1	1	1	1	2	1	2	2	2	1	1	2	2	14
12																			
3 1																			
1 1 1																			
1 1 2																			
1 1 2																			
1 1 2																			
1 1 3																			
1 1 3																			
2 1 3																			
2 2 1 2																			
6 2 1																			
1 2 1																			
1 2 1																			
2 2 2																			
6 2																			
3 4																			
3 2																			
4 2																			
5 3																			
11																			

난이도 ●●

A3 음악에 집중해요

Column clues (top)

C1	C2	C3	C4	C5	C6	C7	C8	C9	C10	C11	C12	C13	C14	C15	C16	C17	C18	C19	C20
																	1	2	
								8				3					3	7	
	6	8	1		1	2	2	2	2	2	4	1	2				2	2	2
	1	1	3		4	4	3	2	2		2	4	1	2	4	1	1	3	
5	9	4	3	2	2	2	1	4	5	7	2	1	7	2	1	15	7	7	7

Row clues (left)

				10
			10	3
		5	3	2
		3	3	1
		4	2	1
		3	2	1
		3	2	1
		3	2	1
		3	2	1
		3	2	1
	1	3	3	4
3	2	2	2	2
2	2	2	2	5
2	3	3	2	3
2	4	2	2	4
	3	6	2	4
	3	5	2	4
	3	3	2	3
	7	2	2	2
			4	6

난이도 ●●

A4 입술에 색을 입혀요

				1	1														
		7	8	5	6									2	2				
	7	1	1	1	2	1	7					2	3	1	1	1	1	1	
7	2	1	1	1	1	18	8	12	7	1	6	1	1	1	1	6	6	6	7

				2
			2	1
			2	2
			2	3
				6
				6
				6
			8	5
	6	1	2	1
1	1	1	2	2
1	1	1	2	3
	1	1	2	9
	2	4	1	4
		2	7	4
	1	8	1	3
	1	4	1	2
		1	4	6
			1	4
			2	3
				7

난이도 ●●

A5 나무꾼의 필수 도구

Column clues (top to bottom):

1	2	3	4	5	6	7	8	9	10	11	12	13	14	15	16	17	18	19	20
															4	2			
	1	3	5	6	7	8	9		1	1		8	8	9	4	4	3	4	
5	3	2	2	1	2	1	1	14	9	8	10	3	2	3	3	3	1	2	6

Row clues (left to right):

			3
		1	3
			7
			10
			17
		1	15
		1	14
		1	12
		2	13
	1	8	2
2	5	2	3
2	2	1	2
3	1	2	2
	4	2	3
		1	3
		2	2
		1	2
		2	1
		1	2
			4

난이도 ●●

A6 지구를 위해 아껴 쓰세요

									1			1	2							
					2		1	2	1	4	2	1	2		4	1	1	1		
				2	2	4	2	1	2	1	4	1	1	7	1	2	2	2	4	2
				2	1	2	1	1	1	4	1	1	1	1	2	5	3	2	4	4
			5	9	1	1	1	6	4	2	2	2	3	2	2	2	3	2	2	3	2	2	3	7	7

				4
			6	7
2	1	2	2	
			7	8
				14
		1	1	
				8
	2	1	2	
		9	2	
		5	6	
		3	5	
				2
				2
	2	3	4	
	2	6	6	
2	2	7	3	
	7	5	2	
	2	2	2	
	1	1	2	
	2	2	2	

난이도 ●●○○○

A7   상큼하고 달콤한 과일

Column clues (top)

C1	C2	C3	C4	C5	C6	C7	C8	C9	C10	C11	C12	C13	C14	C15	C16	C17	C18	C19	C20
					4														
		5			4					2									
	2	4	1	5	4	1	7	5			4	4			1	1		1	
	2	2	1	3	4	3	2	2	4	2	1	6	3	2	1	2	2	3	
6	5	5	6	6	6	1	2	2	7	8	6	5	5	6	6	6	1	2	6

Row clues (left)

Row	Clue
1	2
2	6
3	8 1
4	8 2
5	8 1
6	8 1
7	4 1 2
8	2 1
9	1 1 3
10	2 2 3
11	6 6 1
12	2 2 4 3 2
13	2 4 3 1
14	1 3 3 1
15	2 3 9 1
16	7 9 1
17	7 8 2
18	7 11
19	5 2 6
20	6

난이도 ●●

A8 햇빛을 막아요

Column clues (top to bottom):

Col	1	2	3	4	5	6	7	8	9	10	11	12	13	14	15	16	17	18	19	20
Clue	4	5	1 4	1 4	1 3	3 8	3 1 2 3 2	1 1 1 3	2 1 1 1 1 2	2 2 1 2 1 1	1 1 1 2 1	1 1 2 1 2	1 1 1 1 1	1 3 2	1 4 1	2 7 2	2 6	3 4 3	4 11	20

Row clues (left to right):

Row	Clue
1	12
2	4 5
3	1 3
4	2 2
5	1 1
6	8 1
7	2 4 1
8	4 4 1
9	7 9
10	12 7
11	5 6
12	2 5 5
13	2 2 2 2
14	2 1 2
15	1 2
16	2 3
17	4 1 3
18	1 3 3
19	2 3 2
20	4 1

난이도 ●●

A9 멍멍!

Column clues (top):

								1	1															
				2	2	1	2	2												2	2			
				4	4	2	2	3	1	1		5	2	3						1	1	1		
		2	3	3	3	2	2	2	1	2	2	2	3	2	4	8	4			1	1	3		
4	3	2	7	5	2	1	2	2	3	3	3	2	4	3	6	5	3	3	3	3	1	3	
21	11	10	12	1	2	1	2	2	3	4	6	1	2	1	4	2	4	7	10	8	3	3	4	3	20

Row clues (left):

- 25
- 6 12 1
- 3 1 7 2
- 2 2 2 3 4
- 1 2 2 2 1 2
- 1 1 2 2 1 1
- 1 2 3 1
- 1 1 2 1
- 1 2 1 4 1
- 1 4 4 1
- 2 1 3 2 1 1
- 6 5 1 1
- 7 2 2 1
- 4 7 5 1
- 5 5 4 1
- 5 5 1
- 6 5 1 1
- 7 1 9
- 9 2 9
- 6 5 9
- 6 4 1
- 1 2 1 2
- 1 1 2 1 1
- 4 1 1 2
- 5

난이도 ●●

A10 탱글탱글 맛있는 디저트

Column clues (top to bottom):

Col	1	2	3	4	5	6	7	8	9	10	11	12	13	14	15	16	17	18	19	20	21	22	23	24	25
						4						1	2	1	1	2			3	3	3	2			
			3	3	5	3	10	6	7	7		6	6	6	6	5	2	12	6	6	11	4	5		
	3	6	3	3	4	3	2	2	2	4	19	3	2	2	2	3	15	3	3	3	3	5	4	8	5
	7	5	4	3	3	2	2	2	1	1	1	1	1	1	1	1	1	2	2	2	2	3	3	4	5

Row clues (left to right):

Row	Clues
1	5
2	4 5
3	2 6
4	1 2
5	3 1
6	6 4
7	8 6
8	19
9	19
10	1 17
11	2 15 1
12	1 1 8 1 2
13	3 1 1 3 1 1 1
14	3 1 1 1 1 2
15	3 2 1 1 1 2
16	2 1 1 1 2 2
17	2 2 1 1 4
18	4 1 1 5
19	1 4 2 8
20	1 9 8
21	2 15 1
22	3 7 2
23	5 4
24	8 8
25	25

난이도 ●●

A11 옆으로 걸어요

																					1			
																					1	2		
		1	1	1	1	1															1	1		
		1	1	1	1	1													1		2	2	2	
	2	2	2	3	2	1									3	1	1	1	2	1	1	1	4	
	5	1	3	6	2	1	2	1	3						1	1	1	5	3	2	1	2	2	
	2	2	2	1	2	2	3	2	2	2				2	2	2	2	2	3	2	1	2	1	
7	2	1	2	1	3	2	3	2	1	5	1	1	1	5	1	2	3	2	3	8	1	1	2	5
12	5	3	2	1	2	4	6	6	5	5	5	5	5	5	5	6	6	7	5	3	1	2	3	12

				7	8
		2	3	2	2
		1	2	5	2
		1	8	3	1
		1	2	7	1
		2	3	3	2
		6	2	2	7
2	2	2	2	2	1
1	2	1	1	2	2
2	3	1	1	2	2
			2	11	2
			2	3	5
				6	6
		2	2	2	2
		1	2	3	1
		1	3	1	3
		3	2	2	1
		2	1	4	1
		1	4	2	3
	1	2	3	3	2
			2	14	1
			2	19	1
			3	16	2
			4	14	3
			5	14	4

난이도 ●●◦◦◦

A12 검은 고양이의 친구

네모로직 퍼즐 (25 × 25)

행 힌트 (위에서 아래로):

	힌트
1	2 7 10
2	8 3 7
3	5 5 2 1
4	5 5 3
5	3 8 2
6	3 7 2
7	2 9 1
8	2 5 1
9	1 5 2
10	1 7 3
11	1 10 3
12	1 16
13	1 2 9 3
14	1 3 10
15	1 9
16	1 7
17	2 7
18	2 10
19	2 5 4 1
20	8 4 1
21	7 4 2
22	1 3 2 2
23	6 3 4
24	8 6
25	1 9 9

열 힌트 (위에서 아래로):

열	힌트
1	2 22
2	8 5 2
3	5 1 6
4	4 2 6
5	4 1 7
6	3 3 3 3
7	2 2 4 2
8	1 2 2 3 2
9	2 1 6 2 1
10	2 2 9 1 1
11	2 10 3 1
12	17 4
13	19 1
14	18
15	10 7
16	1 5 3 2 3
17	1 1 1 5 1
18	1 1 4 1
19	2 1 2 1
20	2 2 2
21	2 2 2
22	3 2 3
23	4 2 4
24	2 3 2 5
25	8 3 3

난이도 ●●

A13　행운이 찾아올까요?

								1	1	1	1	1						2	2	1	1	1	2	
							2	1	2	1	2	2	2					2	2	2	2	2	2	
							1	2	2	2	1	1	3	5				2	2	2	2	1	1	
				4	3	3	2	2	1	2	1	3	4		5	1	1	1	1	2	3	4	4	
				5	4	2	4	4	2	2	2	2	3		5	2	1	2	2	1	2	3	5	
				25	25	24	24	7	7	4	1	1	2	2	3	4	6	25	7	6	5	5	5	5	6	9	8	25

Row clues (top to bottom):
- 25
- 7 6 4
- 6 3 3
- 5 3 3 5
- 4 3 3 2 1
- 4 2 1 2 1
- 4 2 1 2 1
- 5 1 1 2 1
- 7 5 2
- 10 3 4
- 25
- 6 4 5
- 4 3 3 2
- 4 3 1 3 1
- 4 2 2 2 1
- 4 2 2 3 1
- 4 2 2 2 1
- 6 1 1 3
- 6 2 2 3
- 8 2 4 4
- 11 12
- 10 13
- 8 14
- 5 16
- 2 18

난이도 ●●

A14 차려 입어요

Column clues (as printed, tiers top → bottom; 25 columns):

c1	c2	c3	c4	c5	c6	c7	c8	c9	c10	c11	c12	c13	c14	c15	c16	c17	c18	c19	c20	c21	c22	c23	c24	c25
																2								
															2	1								
															2	2								
				2											6	4				3				
4	4	3	5		6	3	2	1	1	2	3	8	4		2	2	1	2		2	10	3	4	5
5	4	2	2	2	5	2	2	3	1	2	5	2	4	2	5	2	1	2	2	4	1	1	3	6
17	10	8	6	4	2	5	5	5	3	2	12	2	7	1	12	3	3	6	6	1	3	5	8	10

Row clues (top → bottom):

- 9 8
- 8 2 2 6
- 4 2 2 2 5
- 3 2 2 2 1 2
- 1 3 3 2 1
- 4 1 2
- 1 2 5 1 1
- 2 1 4 2 2 1
- 1 1 4 6 1 1
- 1 1 6 2 1
- 2 3 3 1 1 2
- 2 4 3 5
- 4 1 1 1 2 2
- 3 1 5 1 1
- 1 2 5 1
- 2 1 1 1 1 1 1
- 2 1 5 1 1
- 3 1 2 2 2 2
- 3 2 5 1 2
- 4 1 1 3 1 2
- 4 1 3 1 1 3
- 5 1 5 1 3
- 5 2 1 3 2 4
- 6 1 3 1 1 4
- 6 1 5 1 5

난이도 ●●

A15 졸업생의 모자

Column	Clues
1	2 6 1
2	14 2
3	2 4 3
4	3 3
5	1 2 4
6	1 2 8
7	2 17 2
8	3 3 2 5 1
9	1 1 4 4 4
10	1 1 4 3 5
11	2 1 4 2 1 2
12	1 2 3 1 2 1 2
13	1 2 3 2 1 2 2
14	1 2 4 2 1 2
15	1 2 1 1 2 2
16	1 1 1 2 1
17	2 2 5 3 2
18	1 1 4 7
19	1 1 12 1
20	1 16 2
21	2 2 12 2
22	1 2 5 3
23	3 7
24	3 4
25	1 3

Row	Clues
1	7
2	5 5
3	5 3 4
4	4 7 3
5	6 5
6	1 3 6
7	1 3 4 1
8	1 9 1
9	1 8 3
10	1 1 13
11	2 1 2 5
12	2 3 4 5
13	3 3 2 1 3
14	3 1 1 1 3
15	3 1 2 4
16	3 1 4 5
17	1 2 3 7
18	4 8
19	5 3 6
20	8 6
21	5 2 3
22	3 1 3 2
23	4 2 2 4
24	6 4 6
25	8 2 7

난이도 ●●●●●

A16 겨울의 대표 간식

(네모네모로직 퍼즐 그리드)

난이도 ●●

A17　남자가 쓰던 옛날 모자

네모네모로직 (픽처 크로스) 퍼즐 — 가로·세로 힌트 숫자

세로(열) 힌트 (왼쪽→오른쪽):

열	힌트 (위→아래)
1	3
2	5
3	5 2
4	5 2
5	7 2
6	2 7 1
7	3 4 1
8	2 7 3
9	4 3 8
10	2 2 3
11	3 3 6 3 2
12	6 2 1
13	3 6 2 3
14	6 2 1 1
15	10 3 1 2
16	1 8 4 1
17	10 4 2
18	10 4 3
19	8 6 4
20	1 2 7
21	1 1 5
22	2 2 2
23	1 3 3
24	1 2 1
25	5 2 3

가로(행) 힌트 (위→아래):

행	힌트
1	8
2	6 3
3	1 8
4	1 5
5	1 7
6	1 7
7	4 10
8	7 8 4
9	6 11 2
10	7 9 2
11	8 4
12	16 5
13	18
14	4 3 3
15	1 2 2 1 1
16	1 1 1 1
17	1 2 2
18	1 3 3
19	2 2 1
20	3 3 2
21	2 4 1 5
22	5 2 2 3 3
23	2 3 4 3 2
24	2 3 2 3 1
25	1 5 3 1

난이도 ●●

A18 화장실에 꼭 있어야 해요

Column clues (top to bottom, columns 1–25):

Column	Clues
1	25
2	3 8
3	2 1
4	5 2
5	5 1
6	3 1 4
7	2 1 1 1
8	2 1 1 1
9	2 1 2 1
10	3 1 1 2
11	2 2 1 1 1
12	1 1 2 6 2 1
13	2 1 1 4 4 1
14	4 2 3 2 1
15	2 5 2 5 1 1
16	1 3 1 2 7 1 1
17	1 1 1 2 4 1 1
18	2 2 2 2 3 4
19	7 2 1 1 3
20	5 4 4
21	1 1
22	2 1
23	2 1
24	13 11
25	25

Row clues (left to right, rows 1–25):

Row	Clues
1	1 6 2
2	1 3 3 2
3	1 4 2 2
4	1 6 3 2 2
5	1 6 2 2 2
6	1 3 2 3 2 2
7	1 2 5 2 2
8	1 2 4 2
9	1 9 2
10	1 2 7 2
11	3 3 2 2
12	2 2 2 2
13	2 1 1 3
14	1 1 3 1 2 1
15	1 2 8 2
16	1 1 2 2
17	1 1 11
18	2 1 4 1 2
19	2 1 4 1 2
20	4 2 2 1 2
21	2 6 1 1 2
22	2 1 6 2 2
23	2 1 8 2
24	2 5 1 2
25	2 9 2

난이도 ●●○○○

A19 책상에 있는 등

Nonogram puzzle (난이도 ●●)

Column clues (top, read as printed rows):

							1	2																
	4	3		2	1	1	1	1	3	1	1	1						3	3		2			
5	2	4	2	1	2	2	1	2	2	2	1	2		6	3		3		5	8	8	3		
6	4	1	6	5	5	3	2	1	3	5	5	4		3	6	2	2	2		1	1	3	2	3
15	14	2	2	1	2	1	1	1	2	3	3	1	2	1	2	2	4	5	3	4	3	1	1	3
3	4	2	3	2	2	3	2	3	4	2	2	2	2	1	1	2	3	3	3	1	2	3	4	5

Row clues (left, read as printed rows):

- 9 6
- 7 2 5
- 5 6 7
- 4 3 4 5
- 3 2 2 5
- 2 6 2 1 1
- 2 9 1 3
- 3 4 3 1 3
- 4 4 3 1 3
- 4 11 2
- 5 9 3
- 4 5 2
- 3 2
- 2 3
- 1 5
- 2 2
- 5 10
- 3 3 7 1
- 2 3 8
- 2 2 2
- 2 1 3 1
- 4 2 3 2
- 7 2 3 3
- 11 3 4
- 12 5

난이도 ●●○○○

A20 안 보이던 것이 보여요

세로 힌트(위→아래, 25열)

열	힌트
1	2 8 6
2	2 3 3 6
3	2 4 3 5
4	2 6 2 5
5	2 3 2 2 5
6	1 3 3 2 5
7	3 7 4
8	3 5 4
9	2 3 4
10	3 2 4
11	2 7 4
12	3 3 8 3
13	3 2 2 3
14	3 2 2 3
15	2 2 2 3
16	2 3 2 3
17	2 2 3 3
18	1 2 2 6 2
19	2 4 2
20	2 3 2
21	2 3 2
22	2 3 2
23	2 2 1
24	2 5 1
25	2 5 1

가로 힌트(왼쪽, 25행)

행	힌트
1	6 4 11
2	5 8 10
3	4 4
4	3 3
5	3
6	3
7	4
8	4
9	6
10	1 4 2
11	1 4 3
12	1 5 4
13	2 7 2 2
14	3 2 7 3 2
15	7 2 8
16	5 2 5
17	2 2
18	2 2
19	2 2
20	2 7
21	6 5
22	10
23	15
24	22
25	25

난이도 ●●●

A21 잘거다냥

Column clues (top, left → right):

```
                                    1 2
                                    2 2 1 3               3 3
                3 3         1 1 1 1 1 2 3 2 3             3 4
                1 3 2 2 2   2 3 2 1 2 1 1 3 5 13          2 2 9
         9 7 5 4 3 3 3 3 5 3 2 2 1 1 1 1 1 1 2 1   2      2 5 4 11 14
      25 7 5 4 3 2 2 2 1 1   1 1 1 1 1 1 1 1 2 2   2      3 3 4 6 9
```

Row clues (left, top → bottom):

			15	6
	10	2	7	
		8	9	
5	1	2	3	
4	2	1	4	
3	1	1	6	
	3	2	7	
2	1	1	7	
2	2	5	3	
1	3	2	2	2
1	2	3	3	2
1	2	2	2	1
1	5	3	1	1
1	11	1	1	
1	3	2	2	
1	2	1	1	
1	2	1	1	
1	1	1	1	
2	1	2	1	
	2	3	2	
	3	3	2	
		4	3	
		5	4	
		8	7	
			25	

난이도 ●●●

A22 빛나는 호박

세로 힌트 (열 클루)

열	1	2	3	4	5	6	7	8	9	10	11	12	13	14	15	16	17	18	19	20	21	22	23	24	25
																					1		2		
											2	1				1	1	3	4	4	1	1	1		
											2	1	2			2	1	2	1	1	2	2	2		
											2	2	3			3	2	3	3	2	3	3	2	2	
						2					1	7	1	1	2	1	1	1	1	1	1	1	1	2	6
	3					4	4	2	3	3	2	2	3	3	2	2	3	2	4	4	3	1			
	3	2	1	1	3	4	4	4	2	2	3	2	2	3	2	2	4	3	4		3	3	2	3	
	12	5	3	2	2	2	1	1	1	1	1	1	1	1	1	1	1	1	1	1	2	2	4	6	12

가로 힌트 (행 클루)

행	힌트
1	3
2	3
3	10
4	2 3 2
5	2 2 2 2
6	1 3 1 4 1
7	1 3 1
8	1 2 2 1
9	1 10 1
10	3 8 3
11	3 2 1 2 1 2 3
12	2 3 2 2
13	1 2 7 2 1
14	2 4 4 2
15	1 3 3 2 3 1
16	1 6 5 1
17	1 4 2 3 1
18	1 4 1 1
19	1 3 4 3 1
20	1 4 5 2
21	2 4 4 4 2
22	2 14 3
23	3 5 4 3
24	6 5
25	25

난이도 ●●●

 A23　캠핑 가면 빠질 수 없어요

(Nonogram puzzle grid)

Row clues (top to bottom):
- 3
- 3
- 3
- 2 1
- 2 2
- 2 1 1
- 1 1 1 2 2
- 2 2 1 4
- 2 1 2 2 1
- 2 1 3 2 1
- 2 2 3 2 2
- 1 3 1 1 1
- 1 1 2 1 1 1
- 2 1 3 2 1 2 1
- 5 5 4 1 2
- 5 1 2 1 5
- 6 2 2 6
- 4 2 2 7
- 3 7 6
- 19
- 22
- 2 5 5 5 2
- 1 3 1 2 3 1
- 2 3 1 2 2 2
- 3 4 4

Column clues (left to right):
- 3 3
- 4 2 2
- 4 2 1
- 4 3 2
- 8 5
- 4 8 6
- 1 2 4
- 2 5 5
- 2 2 4
- 4 2 2 3
- 4 3 1
- 5 4 4 1
- 4 6 1
- 3 6 7
- 4 6 6
- 4 1 4
- 1 (top) 2 3 5 2 1 4 3
- 2 5 2 6 3
- 2 4 5 5
- 3 6 7
- 5 9
- 4 5
- 12 1 1
- 4 1 1 2
- 5 2 4 3
- 2 4 3
- 4 3

난이도 ●●●○○

A24 남극에 사는 신사

Column clues (top, read top-to-bottom per column):

| | | | | | | 3 1 1 6 2 2 | 2 | 2 | | | | | 3 6 2 1 2 | 6 1 2 1 5 | 9 1 1 2 3 | | | | | 4 1 3 | 4 5 | | | 3 1 1 6 2 2 | 2 5 1 2 | 9 1 2 1 | 12 1 1 | 11 1 2 | | 2 5 3 1 2 | 2 3 2 1 1 | 2 3 2 2 | 3 2 7 2 | 7 2 2 | | 5 2 2 2 | 5 5 2 1 | 2 6 2 | 6 9 2 | 14 |

Row clues (left):

| 8 |
| 10 |
| 3 2 5 |
| 4 2 4 |
| 7 5 |
| 3 7 |
| 1 4 7 |
| 2 9 |
| 1 1 4 3 |
| 3 1 2 2 2 6 |
| 3 1 2 2 2 6 |
| 3 2 1 5 6 |
| 2 2 1 3 7 |
| 2 3 3 3 4 |
| 1 4 1 6 3 |
| 1 4 1 2 |
| 4 1 1 1 2 |
| 4 2 2 2 2 |
| 2 1 1 1 1 1 |
| 2 2 2 1 1 |
| 2 2 4 1 |
| 1 2 3 1 |
| 2 1 2 |
| 8 2 3 2 |
| 6 11 |

난이도 ●●●

 A25　상아를 지켜주세요

세로 열쇠 (위 칸, 위에서 아래로)

	8		4					1	1					2	1	1	2							
1	13	1				1	1	1	1		1	1		3	2	2	1	1						
6	7	1	3	7	2	1	3	1	1	2	2	1	2	1	1	2	2	2	3	6				
3	3	3	1	1	2	2	3	9	6	3	2	5	3	6	3	3	4	2	3	6	4	1	2	3
2	2	2	2	2	2	2	3	1	1	1	1	6	2	2	3	5	3	4	10	9	2	2	2	3	19

가로 열쇠 (왼쪽 칸, 위에서 아래로)

행	숫자
1	11
2	5 4
3	5 5
4	5 5
5	4 3 2 2
6	5 3 3 1 1
7	4 2 1 1 2
8	4 2 2 1
9	2 1 1 1
10	1 1 2 1 2 1
11	4 1 4 2 1
12	2 2 1 4 2 1
13	4 3 4 1
14	1 1 1
15	1 2 1
16	1 2 5 1
17	1 2 6 1
18	2 3 8 1
19	1 2 2 4 1
20	2 3 3 3 1
21	1 2 1 1 2 3 1
22	4 1 1 1 3 1
23	2 1 5 2
24	8 13
25	25

난이도 ●●●

A26 길쭉한 파충류

Column clues (left to right, top to bottom):

Column	Clue
1	3 16
2	3 4 6
3	3 2 4
4	3 2 3
5	3 1 5 3
6	3 2 8 2
7	6 3 2 2
8	5 3 1 2
9	4 3 2 1 1
10	6 3 2 1
11	3 3 1 1
12	2 2 1 1
13	1 4 1 1
14	8 2 1
15	3 3 1
16	2 4 1
17	2 5 1 2
18	1 2 9 2 2
19	1 1 2 3 5 2
20	1 2 2 4 3 3
21	1 2 2 4 3
22	2 2 5 4
23	1 1 5 5
24	2 2 16
25	3 16

Row clues (top to bottom):

Row	Clue
1	1 6
2	4 2 3
3	7 2 3 2
4	8 1 2 1
5	5 2 1 2
6	4 1 7
7	4 1 4
8	3 1 1 1
9	3 4 1 5
10	4 7 8
11	3 5 1 8
12	2 3 2 1 6
13	2 2 1 1 4
14	1 2 1 2 3
15	1 2 4 3 2
16	1 2 4 4 2
17	1 2 3 1 2 2
18	1 2 2 2 2
19	1 2 2 2 2
20	2 4 5 2
21	2 7 3
22	3 4
23	5 6
24	8 9
25	25

난이도 ●●●

 A27 어린 시절의 애착인형

Row clues (left):

		4	7	4
	2	3	3	2
	1	3	3	1
	1	2	2	1
		3	1	1
			2	3
	1	2	2	1
1	2	3	2	1
		2	3	2
1	1	1	1	1
		2	5	3
		6	3	2
		3	8	2
		2	9	1
1	4	4	1	2
2 1	4	4	1	1
1 2	2	2	1	1
1 1	2	2	1	1
	4	1 2	2	5
2 2	2	2	2	2
	1	3	2	1
1 1	3	3	1	
1 1	2	2	2	1
2 2	10	1	2	
			25	

난이도 ●●●

A28 도토리를 모아요

이 퍼즐은 네모로직(노노그램)입니다. 가로·세로 힌트는 다음과 같습니다.

세로(열) 힌트 — 왼쪽에서 오른쪽(1~25열), 위→아래 순서

열	힌트
1	5 12
2	1 2 3 2 5
3	4 2 4 4
4	2 6 6 3
5	2 2 3
6	3 3 3 1 2
7	4 2 3 8 2
8	3 8 4 4
9	1 4 4 2
10	2 2 8 2
11	2 2 7 1
12	3 2 1
13	4 2 2
14	3 2 1
15	1 1 1
16	1 1 3 3 1
17	1 3 2 2 1
18	1 3 2 1 2
19	1 2 2 1 1
20	3 3 3 1 1
21	1 1 2
22	1 2 7 4
23	1 3 11 5
24	2 5 3 9
25	4 1 11

가로(행) 힌트 — 위에서 아래(1~25행), 왼쪽→오른쪽 순서

행	힌트
1	4 4
2	10 1
3	5 1 3 3
4	5 6 2
5	2 3 4 4 2
6	1 3 3 3 1
7	1 2 2 2 3 2
8	5 2 2 4
9	5 2 1 1 1 1
10	3 1 2 6
11	1 2 2 1 2
12	2 2 1 4
13	2 2 2 2 6
14	2 1 1 9
15	1 2 2 1 2 2 1
16	1 2 2 2 4 1
17	1 2 2 2 8
18	1 2 2 12
19	1 2 2 1 2
20	1 2 1 2 3
21	2 3 8
22	3 2 4
23	5 1 4
24	10 6 5
25	13 4 2

난이도 ●●●

A29 추운 날에는 따뜻한 모자를 써요

세로 힌트 (열 번호) — 위에서 아래로 읽음

1	2	3	4	5	6	7	8	9	10	11	12	13	14	15	16	17	18	19	20	21	22	23	24	25
															1	2								
														1	1	1								
					1							2	1	1	1	3	3	1			2	1		
		2	4	7	5	6	4	2	1	1	2	1	1	3	1	1	1	3	3	3	7		1	
4	8	3	3	3	2	3	2	9	5	1	7	1	2	3	3	5	3	1	1	7	1			
4	7	3	1	1	4	5	5	5	5	1	3	4	1	1	1	2	2	2	2	4	10	7		
6	7	4	3	2	1	1	3	2	3	2	1	2	2	2	2	4	3	1	2	3	7	5	4	3

가로 힌트 (행 번호)

행	힌트
1	6
2	5 2 6
3	2 8 4
4	9 4 3
5	3 4 1 2 1
6	6 3 1
7	5 1 2 6
8	1 2 10
9	1 1 1 12
10	1 1 1 5 3
11	1 2 4 2
12	1 1 7 5
13	2 1 4 2 2 2
14	1 4 2 2 2
15	2 4 1 1
16	6 2 2
17	7 1 4 1
18	1 3 1 2 2
19	2 1 2 4
20	2 2 1 6 1
21	2 5 2 2
22	3 3 2 3
23	4 2 2 5
24	5 6 6
25	7 3 7

난이도 ●●●

A30 주변을 정찰하는 동물

Column clues (top → bottom), 25 columns:

c1	c2	c3	c4	c5	c6	c7	c8	c9	c10	c11	c12	c13	c14	c15	c16	c17	c18	c19	c20	c21	c22	c23	c24	c25
					3											3	3							
				2	3	1									2	2	2	1	1	3				
			1	2	6	2	1	3					2	3	2	2	4	2	1	1				
2	2	1	2	2	2	2	3	5		13	10	11	11	12	2	5	2	2	3	3	1			
12	12	12	12	8	3	1	1	5	3	2	1	1	1	1	10	3	2	1	1	2	5	3	2	2

Row clues (left), 25 rows:

Row	Clues
1	6
2	1 2 3
3	3 2 3
4	5 2 1
5	4 2 5 1
6	2 2 2 3 2
7	2 1 3 1
8	4 1 2 1
9	2 2 1 1
10	2 1 1 1 1
11	2 1 2 1 1
12	1 1 1 2 2 3
13	2 1 5 2 3
14	5 2 5 2 3
15	4 2 5 1 3
16	4 2 7 3
17	6 7 3
18	5 7 2
19	5 6 2
20	5 6 2
21	5 1 6 1 2
22	6 1 6 1 1
23	7 2 7 2
24	6 3 3 5
25	4 9 6

난이도 ●●●

A31 꽃을 찾아 날아요

| 5 |
| 7 |
| 5 2 |
| 4 2 |
| 4 1 2 |
| 2 1 2 2 2 |
| 2 2 1 1 2 3 |
| 2 3 2 1 1 6 |
| 2 2 1 1 2 3 3 |
| 3 4 1 1 2 2 |
| 2 3 3 4 |
| 2 5 4 2 |
| 4 7 3 |
| 7 3 3 |
| 11 2 |
| 3 4 3 |
| 2 3 8 |
| 3 3 4 |
| 3 4 2 |
| 3 2 1 1 |
| 4 2 1 1 |
| 7 1 1 |
| 5 2 3 |
| 6 |
| 4 |

Column clues:

| 4 4 | 12 7 | 10 2 1 6 | 5 4 | 7 2 3 | 4 2 3 | 3 2 2 2 | 2 1 2 2 | 2 1 2 2 | 3 2 1 2 | 3 1 2 | 3 1 2 | 2 3 | 6 5 2 | 3 2 2 | 2 5 1 3 | 4 1 1 3 2 | 2 1 7 | 1 2 1 2 3 | 2 2 1 2 | 2 1 2 4 | 2 1 3 | 2 1 8 | 3 6 |

난이도 ●●●

A32 말려 있는 빵 안에 크림이 가득!

Nonogram puzzle (25 × 25 grid)

Column clues (left → right, top → bottom of each column):

Col	Clue
1	7
2	3 2
3	2 2
4	1 3 1
5	2 3 2
6	1 3 2 1 1
7	4 1 3 1
8	1 1 4 1
9	2 1 1 8
10	1 1 8
11	1 2 7
12	2 2 6
13	2 2 5
14	1 1 2
15	1 1 1
16	1 1 2 2 1
17	2 1 1 2
18	1 2 3
19	2 4 1 7
20	1 1 2 5
21	1 2 6
22	2 2 2 10
23	2 3 2 11
24	1 2 10
25	2 2 9

Row clues (top → bottom):

Row	Clue
1	3
2	2 2
3	5 1
4	2 3
5	5 2
6	3 3 2
7	2 2 2
8	7 4
9	3 4 3
10	2 3 4
11	2 5
12	8 4
13	3 3 3
14	2 4 2
15	1 2 2
16	2 2 3
17	1 2 3
18	1 4 6
19	1 1 3 4
20	1 2 5 3
21	1 1 7 3
22	2 9 3
23	2 9 3
24	3 10
25	9

난이도 ●●●●

A33 오후의 티타임

	1	2	3	4	5	6	7	8	9	10	11	12	13	14	15	16	17	18	19	20	21	22	23	24	25
						2	2	2		2		1	1	1											
			1	2	4	4	3	2	2	2	8	2	2	2	3	3	3			1					
		1	2	1	1	2	1	1	3	1	1	1	2	1	2	2	2	1	2	1			2	2	
	1	2	1	4	3	1	2	3	3	3	3	3	2	1	6	3	2	2	2	2		5	4	5	3
	3	2	1	1	4	2	2	2	2	2	2	2	2	2	1	1	1	2	2	2	2	2	1	2	5
	2	4	1	2	1	1	1	1	1	1	1	1	1	1	2	1	1	4	1	1	2	3	4	5	11

Row clues (top to bottom):

- 3
- 7
- 2 3 2
- 3 1 1 2
- 5 2 6
- 2 15 1
- 2 3 7 2 1
- 2 1 4
- 2 1 3
- 8 2 2
- 3 1
- 1 2
- 8 2
- 2 3 2 2
- 2 1 5 6 2
- 19 1
- 1 1 7 2 1
- 2 2 1 1
- 4 1 1
- 2 1 1
- 6 6 2
- 2 7 2 3
- 2 5 2 4
- 3 4 5
- 12 7

NemoNemo Logic Vol. 40
PART 8

SIZE: 25×25 30×30

난이도 ●●●○○

B34 요즘은 날지 않고 걸어요

							1	2	3	4	5	6	7	8	9	10	11	12	13	14	15	16	17	18	19	20	21	22	23	24	25
									2	2	2																					
									1	2	1	2	2	2																	
									2	1	1	1	1	2	1									1							
								3	2	2	2	2	1	1	1	2	3							1	2		2		2		
								2	1	1		2	3	1	3	3	3	2	3	2				2	2	2	2	5	2	2	3
							9	5	3	2	3	1	1	2	1	2	1	1	2	1	2	2	2	3	6	2	1	2	2	3	8
							6	6	6	6	7	5	4	2	3	1	1	3	2	6	6	7	5	5	4	4	4	3	3	2	2
						4																										
				2	2	2																										
				3	2	2																										
			1	2	2	3																										
		2	2	2	2	1																										
		3	3	4	2	1																										
	1	4	2	2	3	1																										
2	2	1	2	2	2	1																										
		5	4	2	2	2																										
		1	3	2	3	1																										
			1	2	3	2																										
				4	2	2																										
				1	2	4																										
				4	2	2																										
			2	2	1	1																										
				3	2	2																										
					6	1																										
					2	2																										
					5	2																										
					5	3																										
			6	2	7																											
			8	2	9																											
		7	2	1	10																											
					9	14																										
						25																										

난이도 ●●●○○

B35 달걀을 깨고 나와요

Column clues (top):

| | | 5 3 5 8 | 5 2 1 3 1 | | 5 1 1 2 2 | 7 1 6 | 6 2 2 6 | 6 2 3 2 2 | 2 3 3 2 2 | | 1 1 2 2 | 1 2 1 2 6 | 1 2 2 3 4 | 1 2 3 3 3 | 2 2 1 2 1 | 4 4 4 4 1 | 1 5 3 2 | 2 1 4 1 | 5 1 4 1 | 5 1 1 | 5 3 2 1 1 | 5 1 1 2 2 | 5 1 2 2 7 |

Row clues (left) with grid:

Clues						
15 9						
9 2 8						
8 2 7						
7 3 2 7						
7 2 3 7						
3 2 2						
3 6						
2 3						
2 1 1						
2 1 1						
1 1 1						
1 1 1						
1 2 1						
1 2 1 4						
1 3 2 1 2						
3 1 3 1						
1 1 4 3						
2 2 10 1						
2 5 2 2 3 1						
4 4 1 1						
2 2 2 2						
4 4 2 2						
6 7 5						
2 2 1 2 2						
2						

난이도 ●●●

B36 손을 꽉 쥐어요

Column clues (left → right, 25 columns):

																			2					
	2																		1	1				
	2	1	1		1				1		3		1	1		1	2	7	1	1	1	2	1	2	6
	3	1	3	2	1	2		2	1	1	4	1	7	1	1	1	1	1	1	1	1	2	6	2	
19	10	7	4	2	1	1	9	2	4	3	2	5	4	3	3	4	2	1	2	3	4	7	9	14

Row clues (top → bottom):

					6
				8	2
			5	2	1
		7	2	1	1
	2	2	1	1	1
	1	1	1	1	2
		2	1	8	2
1	1	1	2	2	1
	1	2	1	1	3
	1	1	1	1	2
	1	3	1	3	2
		1	5	4	2
			1	11	1
			1	5	1
		1	2	1	1
		2	2	2	1
		2	1	1	2
		2	2	3	2
			3	1	3
			3	1	3
			3	1	3
				4	4
				4	5
				5	6
				6	7

난이도 ●●●

B37 절규를 표현한 명화

	2	2	2						1	1		1	1				1							
2	2	5	2	6	2	2		1	2	1	1	4	1		2	3	4	1			1	2		
1	2	2	2	5	3	2	1	2	1	3	3	2	2	2	2	4	2	1	2	1	5	5	7	5
1	6	3	6	2	2	4	4	1	2	1	1	1	2	2	3	1	1	6	14	5	2	2	2	2
6	2	1	1	1	2	5	15	13	8	6	5	7	8	12	4	2	1	1	2	8	3	3	2	1

							9
				4	2	2	5
					6	5	3
					1	1	2
			2	2	2	2	3
		3	3	1	1	3	3
1	1	1	1	3	1	1	4
		3	2	2	2	2	5
			2	1	2	1	4
				2	2	1	3
		2	2	2	2	2	3
		2	1	1	3	2	3
			3	2	3	1	3
				2	2	1	3
				3	4	3	2
					3	10	2
					3	3	7
				1	7	2	3
			2	2	3	3	4
			2	4	3	1	2
				2	10	1	2
				1	10	2	1
					1	10	3
				2	9	2	5
					13	4	3

난이도 ●●●

B38 매우 위험해요

Column clues (left to right, top to bottom):

Column	Clues
1	12
2	4 4
3	3 4 3
4	2 6 3
5	2 7 2
6	2 8 2
7	2 8 2
8	2 7 2
9	2 6 2
10	1 3 2 1
11	1 1 4 5 1
12	1 6 6 1
13	1 6 6 1
14	1 6 6 1
15	1 6 6 1
16	1 2 4 5 1
17	2 4 3 1
18	2 7 1 2
19	2 8 2
20	2 8 2
21	2 7 2
22	2 6 2
23	3 4 3
24	4 4
25	11

Row clues (top to bottom):

Row	Clues
1	11
2	4 4
3	3 3
4	2 2
5	2 2
6	2 2 2 2
7	3 4 4 2
8	2 6 6 2
9	2 7 7 2
10	1 9 8 1
11	1 8 4 7 1
12	1 7 6 6 1
13	1 7 6 6 1
14	1 6 1
15	1 6 1
16	1 4 1
17	2 2
18	2 4 2
19	2 6 2
20	2 7 2
21	2 9 2
22	2 8 2
23	4 6 3
24	4 3
25	11

난이도 ●●●○○

B39 쥐 친구가 있어요

Column clues (top):

									1	1	2							1				2		
						1	1	2	6	2	2	2					1	2			1	2	1	
						2	6	8	1	2	5	3	2		1	2	5	4	2	3	3	3	1	2
					2	2	2	1	1	1	4	4	1	5	5	2	2	2	1	8	4	5	2	5
				2	1	2	1	1	2	3	3	2	2	1	1	5	2	1	13					
4	5	5	4	4	2	1	3	1	2	1	1	1	1	2	1	3	3	1	2	2	2	5	12	9

Row clues (left):

				3	6
			2	2	3
			3	5	2
		3	1	4	1
		3	1	3	1
1	1	1	2	1	
		3	3	3	2
				10	3
			2	3	3
			2	1	3
				2	3
		4	2	2	4
		6	2	2	4
4	2	2	2	3	2
			3	13	2
	3	3	3	2	3
	4	2	5	1	2
3	1	1	3	1	2
	3	1	5	1	2
		2	1	2	2
		2	3	4	3
			13	1	3
	1	4	3	4	
			3	3	4
				6	2

난이도 ●●●

B40 뾰로롱~

B40 nonogram puzzle grid.

Row clues (left):

Row	Clues
1	6
2	3 1 2
3	2 2 1 1
4	1 1 3
5	7 3
6	8 1 1
7	4 2 7
8	12 2 3 1
9	3 3 1 3 7
10	2 2 2 1 1 1 1
11	1 5 2 3
12	1 6 4 4
13	2 9 2 1
14	2 1 1 3 2
15	4 1 1 2 4 2
16	2 2 2 3 1 2
17	1 2 2 2 2
18	2 2 6 4
19	3 1 4
20	2 2 2
21	2 3 5
22	7 6
23	3 3 3
24	2 1 2 1 6
25	4 4 6

Column clues (top, read top → bottom):

Col	Clues
1	4 3
2	4 2
3	2 1
4	1 3
5	2 2 6
6	1 2 5
7	2 2 1
8	1 1 2
9	6 1
10	2 2 4
11	10 2 5
12	6 1 1
13	1 2 4 2
14	2 2 2 1 1
15	2 2 3 2 1
16	3 3 1 3 2
17	1 2 2 5 1 2
18	2 2 1 3 2 1 3 4
19	5 4 6 2 4
20	2 2 1 1 2 2
21	2 1 2 2
22	1 2 2
23	3 4 1
24	2 4 3
25	1 1 2 4 2 3
26	9 2 2
27	3 3 3 2 1 2
28	9 1 5
29	2 1 3
30	1 3 3

난이도 ●●●●

B41 폴짝폴짝 뛰는 동물

Row clues (left):
- 5 6
- 2 8 1
- 3 3 8 5
- 3 4 4 2 6
- 3 3 2 6
- 6 2 6
- 5 2 3 6
- 3 1 2 2
- 1 3 1
- 1 1 1 1 1
- 1 3 3 2 2
- 5 5 2
- 5 1 3
- 5 2 2
- 4 1 1
- 2 2 1 1 1 1 2
- 1 2 1 1 3 1 1
- 1 3 1 2 1 2 1
- 5 1 2 1 2 1
- 4 2 6 2
- 3 2 2
- 1 4 7
- 1 3 7 2
- 1 2 3 3 1 1
- 1 6 6

Column clues (top):
- 6 6
- 15 7
- 4 4
- 5 5
- 4 4
- 4 3 2
- 3 3 2 3
- 2 2 2 3 2 3
- 2 2 1 1 2 1 1
- 2 2 1 2 2 3 1
- 1 3 2 1
- 3 2 1 2
- 3 2 3 2 3
- 2 3 1 2 1
- 3 1 2 4 1
- 1 4 1
- 4 2 2 1
- 2 6 2 1
- 3 3 3 3
- 2 3 2 4 2
- 2 3 2 1 2
- 1 5 1 2 1
- 1 5 3 1
- 1 4 5 2 1
- 1 3 2 1
- 3 3 5 2 3
- 2 4 3
- 4 3

난이도 ●●●●

B42 황새를 따라가지 않아요!

			2																					
		5	2				1	1																
3	6	3	2	2	1	1	2	2									1			2				
3	5	2	3	1	1	1	3	1	2	3	6	1		3	2	1	2	1		4	8			
2	2	1	2	2	2	4	3	2	3	6	3	1	7	2	1	2	1	1	1	1	2	9	8	4
1	2	2	2	5	4	3	3	2	5	4	3	3	3	2	3	5	3	2	6	3	2	2	2	1

				6
			2	2
		2	2	2
		2	2	3
			3	1
			4	1
			3	1
			2	1
		2	1	6
	1	1	2	2
3	2	3	2	1
2	8	2	2	2
2	1	3	1	3
4	2	2	1	4
	6	1	1	4
		5	1	4
		4	2	3
		4	1	2
		4	2	4
			11	9
		17	1	2
2	4	5	1	1
			3	6
			4	7
			3	6

난이도 ●●●●

B43 물 아래에서 열심히 발을 저어요

Column clues (top, read top-to-bottom per column):

										1						3	3	3	3						
	3					1	1	1	2	3			3	3	1	1	1	2	2	3					
	2	6			2	3	2	3	2	3	3	7	3	1	1	1	1	2	1	2	3				
3	1	1	5	2	2	1	2	1	1	2	1	1	2	1	1	1	2	1	1	1	4	3	3	3	3	3
3	3	3	5	5	4	6	5	4	3	2	2	1	1	2	2	2	2	1	2	4	3	5	2	3	9
9	4	4	3	3	2	1	1	1	1	1	1	1	1	1	1	1	2	2	3	3	3	4	4	6	4

Row clues (left side):

					Row clue
				25	
			5	16	
		4	2	15	
			6	1	
			5	1	
		2	1	1	
		2	5	2	
		1	4	1	
			6	2	
		2	2	2	
	1	1	4	2	
	2	2	7	5	
	1	1	4	5	
2	4	3	1	1	
1	2	3	2	1	
	2	1	3	1	
	1	1	5	1	
1 1 1	4	1	1		
	1	1	2	2	
	1	2	4	1	
	2	2	4	3	
		2	5	4	
			4	7	
			5	9	
				20	

난이도 ●●●●

사막에 사는 귀여운 여우

Column clues (top, read left → right across 25 columns):

				2	2																			
	1			3	1	1	2	1		1	1	1	2	2		1	1							
	7	6	2	1	2	2	4	2	1	2	2	2	2	3		7	6			6				
5	3	3	10	2	2	4	1	1	1	1	2	1	2	2	2	2	1	8	7	6	2	5	3	
2	2	2	1	1	1	1	1	1	5	2	6	2	1	1	8	3	4	1	2	2	2	3	3	4
3	2	2	2	3	3	4	2	1	2	5	1	1	1	3	6	1	1	1	2	4	9	4	4	5

Row clues (left side, top → bottom):

			4	6
	2	2	2	5
	3	2	2	6
	4	3	2	6
			4	7	7
			4	6
			5	7
			3	6
			1	3
		4	4	10
3	2	3	1	6
		4	2	4
	5	2	2	2
	4	1	3	1
			7	1
		4	1	1
			2	2
		8	1	1
	3	3	2	1
2	1	2	1	1
2	3	3	1	1
	1	6	3	5
2	3	2	3	5
	8	1	2	6
			6	15

난이도 ●●●●

B45 액체를 담아 마셔요

						1																		
				3	1	2	2	2																
			1	1	2	2	4	2	3	2	4	1	1	1	1	2	1	1	2					
		2	3	4	8	1	3	3	7	5	2	6	5	5	5	5	5	3	2	3				
	8	2	1	1	1	4	3	2	1	2	2	2	2	2	2	1	2	2	2	3	8	5	5	6
12	4	3	3	2	2	2	1	1	1	1	1	1	1	1	1	1	1	1	2	2	2	3	4	5

			4
		1	2
		2	2
		2	1
		2	2
		1	2
		2	6
	4	1	4
2	1	2	2
1	2	6	2
	4	4	10
2	6	8	1
1	3	12	1
2	3	9	4
	2	3	4
	2	3	5
	3	1	5
	8	2	3
2	2	2	1
	1	2	2
	1	10	1
	2	6	2
		4	3
		7	6
			25

난이도 ●●●●

B46 고리가 아름다운 행성

Column clues (top):

		2	2						3	3	2	2	2	2	1	2			
2	2	3	3	3		2	3	3	1	1	1	3	2	2	4	4	1		
3	3	2	3	3	3	3	2	2	1	2	1	2	1	2	2	2	6	2	2
2	1	2	3	2	5	3	5	4	2	2	1	2	2	1	2	2	2	2	2
2	5	4	2	3	3	10	4	2	1	2	3	3	1	2	2	1	2	1	2
8	2	1	1	2	1	2	1	2	1	1	2	2	2	2	2	3	3	2	3

Row clues (left):

				9
			13	4
		15	3	2
		8	2	1
		2	2	1
8	6	4	1	
	12	5	2	
	10	4	2	
	2	2	2	
	4	1	1	
	5	2	2	
	6	2	2	
	2	2	3	
5	3	2	1	
4	2	2	2	2
4	2	3	2	1
	3	6	2	2
	2	5	3	2
2	4	3	3	4
1	2	3	3	5
	1	7	6	
		1	3	
2	3	9	3	
		4	15	
			8	

난이도 ●●●●

B47 각종 질병을 예방해요!

					1	2	3	4	5	6	7	8	9	10	11	12	13	14	15	16	17	18	19	20	21	22	23	24	25
																2									3	3
																2		4		3	4		6		4	3
																5		2		1	2		1		2	2
							2	2	2	2	2	2	1	1	1	2	9	1	1	2		1		1	2		1	2	4
					3	2	3	2	2	2	2	2	2	4	5	2	4	7	7	1	1	1	1	1	2	1	2	4	2
					15	10	6	4	3	2	2	1	1	1	1	1	2	1	1	1	1	2	1	1	2	1	2	4	8
				2																									
				2																									
		4	1	2																									
	2	1	2	1																									
	2	1	1	2																									
	2	4	2	2																									
	2	2	4	3																									
	2	2	4	4																									
		2	3	11																									
	1	2	9	1																									
	2	2	8	2																									
	1	1	7	3																									
1	1	3	2	1																									
	1	2	3	1																									
	1	1	3	2																									
		4	3	3																									
		3	3	1																									
		2	3	2																									
		2	3	3																									
		3	2	1																									
		3	3	2																									
			4	3																									
			5	4																									
			7	6																									
				13																									

난이도 ●●●

B48 사자와 비슷한 상상 속 동물

(네모로직 / 노노그램 퍼즐 — 가로 30칸, 세로 30칸)

세로 힌트 (열 단서)

| 9 1 | 6 1 3 5 | 2 7 1 | 3 1 | 3 2 2 1 4 | 2 1 2 1 1 4 1 | 2 1 1 2 1 2 3 5 1 | 2 3 1 1 4 2 | 4 2 1 1 5 1 3 8 1 5 | 2 1 2 2 2 1 3 1 | 1 1 1 1 1 2 3 2 4 1 | 1 2 2 1 2 1 1 7 | 3 2 1 2 13 | 3 1 1 2 | 4 2 11 2 | 1 1 1 1 1 7 | 2 1 1 1 2 | 2 2 1 1 1 4 | 4 3 3 3 1 1 2 | 3 3 2 1 1 | 3 2 2 2 2 | 2 3 2 1 2 | 4 1 3 3 1 | 19 |

가로 힌트 (행 단서)

행	단서
1	9
2	4 3
3	3 3 2
4	2 2 2 2 1
5	2 4 1 2
6	3 2 4 5
7	5 1 1 5
8	2 1 1 2 1 2 2 3
9	1 7 2 5 3
10	3 5 2 2 2
11	1 10 1 1 3 1
12	2 7 2 1 1 2 3
13	2 1 1 1 1 3 2 1 5
14	11 2 3 1 1
15	2 3 2 1 2 1
16	10 2 2 3
17	7 2 2 1 1
18	4 2 2 1 2
19	5 3 2 4 1
20	3 1 1 3 2 1
21	1 8 4 1
22	1 1 6 2 1
23	2 10 4 1
24	3 1 10 2 1
25	2 6 9 1
26	2 1 3 3 1 1
27	1 2 5 7 1
28	3 1 1 3 1 1 1 2
29	1 1 1 4 13
30	30

난이도 ●●●

B49 호흡을 가다듬고 앉아요

난이도 ●●●

B50 1~6 중 무엇이 나올까요?

이 퍼즐은 가로 30칸, 세로 30칸의 네모로직(노노그램) 문제입니다.

가로줄 힌트 (위에서 아래로)

번호	힌트
1	18
2	2 14
3	3 4 11
4	2 6 9
5	3 4 6
6	2 4 3 4
7	3 6 5 2
8	2 4 3 5 3
9	2 4 5 3 2 1
10	2 6 5 2 1
11	3 4 3 3 2 1
12	1 3 5 2 1
13	1 4 5 3 1
14	1 4 3 2 1
15	1 3 3 3 1
16	1 5 7 1
17	1 5 4 2 1
18	1 5 3 2 3 5
19	1 3 5 1 5 5
20	1 5 1 5 5
21	1 3 5 1 5 2 1
22	1 5 3 1 3 2
23	1 5 1 3
24	1 3 3 1 4
25	2 5 1 5
26	5 5 1 6
27	7 3 1 8
28	10 1 9
29	13 1 11
30	30

세로줄 힌트 — 열 머리글 영역에 인쇄된 숫자 배열(1~30열)

(아래는 열 머리글에 표기된 숫자들이며, 두드러진 값으로 21열 영역의 "15", 1열의 "21", 30열의 "30", 우측 26~30열의 "6 7 8 9" 등이 표기되어 있습니다.)

열 머리글 숫자(각 행)
2 1
1 3
1 · 2 2 · 2 · 1 3 1
2 2 1 3 3 2 1 3 3 2 4 1 1 1 2 2 3 3 4 4 5
2 1 2 1 1 1 1 1 3 2 1 2 1 3 1 3 5 1 1 4 4 2 2 4 4 4 2 6 6
3 5 5 5 3 3 3 3 5 5 5 3 4 4 3 4 4 2 4 2 1 5 2 2 1 4 9 2 2 2 2 8
3 2 4 4 4 2 4 2 3 1 2 4 4 2 2 1 4 3 3 2 2 3 5 5 3 2 4 2 5 5 5 3 5 5 3
21 6 5 5 5 4 4 4 3 3 3 2 4 4 2 2 1 1 3 1 15 1 1 2 5 3 4 4 4 5 2 6 7 8 9 30

난이도 ●●●

B51 걱정거리가 있어요

Nonogram puzzle — 40 columns × 30 rows.

Column clues (top, left→right):

															3					3				4										1					
											4	4			2	3			3	1	4	1									2	1	2					
								4	6		4	1	1	4	1	2	2	1		2	1	1	2	4						1	2	2	2	3				
				4		2	2	3	3	11	3	2	2	2	2	1	1	1	2	2	1	2	2	2	2	5		8	4	1	2	1	4	1	3			
	3	15	2	2	2	3	3	4	2	4	1	2	2	2	6	5	2	1	2	2	3	2	1	1	1	3	12	1	1	2	1	4	2	5	4			
			4	2	1	1	1	1	2	1	2	3	5	1	1	1	1	2	1	1	1	4	1	1	1	1	1	2	3	4	11							

Row clues (left side, top→bottom):

Clues
11 3
14 3
7 8 2 2
6 6 2 1
3 4 3
2 1 1 4 2 1
2 4 4 3 4
2 3 1
3 5 4 2 2
1 1 3 1 3 2 2
1 1 1 1
2 2 2 4
1 2 2 3
2 3 4 1 2
4 1 5 2 2
2 2 1 2 1
1 2 8 1
1 1 1 1
1 2 2 1 1
1 8 1 1
1 2 4 1 1 1
1 1 1 1 1
1 2 2 1 1
1 1 1 10 1
1 1 6 1
1 3 2 1
2 2 2 2
3 2 1 3
4 3 2 1 5
30

난이도 ●●●

B52 양처럼 생겼는데 목이 길어요

						2																	
					2	1	4																
			3	2	2	1	1		2								4	10		5	3	3	
	1		1	2	1	1	3	3	8	3		3	3	7	8					2	1	3	
	2	5	1	2	1	1	2	6	4	3	3	2	1	1	1	9	7	8	1	3	4	3	4	5
14	11	8	4	4	4	4	2	3	4	3	2	2	5	3	3	3	6	4	3	1	1	3	5	2	7	8

Row clues:

1 7 1 1 2 2 2
1 6 2 2 2 2 2
1 2 3 2 2 2 2
2 1 4 4 2 2
7 2 3 1 2
3 2 2 3 3
2 4 3 3
2 1 3 2 3
2 4 4
3 2 2 4
3 5 3
3 2 3
3 1 3
3 2 3
1 16 3
1 5 5
2 2 3
1 2
1 1
2
1
2 1
2 1 1 1
2 1 4
6 1 1 2
1 3 1 1 1 2
2 2 1 2 1 2
2 1 7 2 2
1 1 8 1 3
1 1 8 1 3

난이도 ●●●

B53 곡식을 수확해요

난이도 ●●●●

B54 책 읽기 좋은 가을

[Nonogram puzzle grid — 책 읽기 좋은 가을]

Column clues (top):

```
           1 1
           1 1 1                          6 5                    1
           1 1 1  2 1 1 1    6 6     6 6   1 1  5 4 5        9 6  1 1 1
        1  2 2 1  6 1 1 5 10 1 3 7 4 2 1 1 3 3 2  6 9 7 2 1  3 2 1
        1  1 1 4  2 3 2 1 1  2 2 3 2 1 2 1 2 1 2  2 3 3 2 1  1 5 1 8
     1  4  1 1 1  1 2 1 2 1  2 2 1 2 1 1 1 1 2 1  1 1 1 1 1  1 1 2 3
     1  2  1 1 2  2 2 1 2 1  2 2 6 4 3 4 1 1 1 1  1 2 1 2 2  1 1 1 2
     11 2  1 1 1  6 3 2 2 2  2 1 1 1 3 1 4 2 1 1  2 2 3 3 6  4 4 3 4 13
```

Row clues (left):

Row	Clues
1	1 8 1
2	1 13 1
3	5 23
4	1 15 1
5	1 10 6 1
6	1 8 5 1
7	1 5 5 1
8	1 2 4 1
9	13 4 1 5
10	1 3 3 1 2
11	1 3 2 2
12	1 1 2
13	1 2 3
14	4 3 2 4
15	2 1 2 2
16	5 3 3 3 2
17	1 4 5 3 2 1
18	4 3 3 3 2
19	6 2 4 3 1 1
20	2 1 3 2 2 3 1 1
21	1 3 3 2 3 5
22	1 1 6 1 2
23	1 4 2 1 4 1
24	2 1 1 2 1 1
25	7 2 1 3 1
26	1 2 1 1 1 1
27	1 1 1 2 3 2
28	1 2 2 1 8
29	2 6 1 2 10
30	30

난이도 ●●●●

B55 골문으로 공을 몰고 가요

난이도 ●●●●

B56 누구보다 빠르게 랩을 해요

난이도 ●●●●

B57 떨어진 낙엽을 쓸어요

열 힌트 (위에서 아래로):

				5		2	1					4	5	4	3	4	6			6	2	2	2	2	2	12	
3	3	3	4	1		1	2	1	4	7	2	2	1	1	2	3	1	3	3	1	2	2	2	2	2	2	16	16
2	2	5	2	2	4	3	2	5	2	2	2	2	1	1	5	5	1	2	2	1	1	1	1	1	1	1	20
2	2	2	2	1	2	2	2	2	1	1	1	1	1	4	6	1	2	1	3	1	3	1	2	1	1	2	1	20
1	1	1	1	2	18	2	3	3	9	4	3	4	3	4	6	3	7	3	2	3	3	2	3	2	2	2	2	5

행 힌트 (위에서 아래로):

- 5 5
- 1 7 5
- 2 9 5
- 3 8 3 5
- 3 2 2 1 2 5
- 4 2 1 2 5
- 5 1 2 5
- 4 2 2 2 5
- 1 1 1 4 2 5
- 1 2 1 2 5
- 3 4 12
- 4 4 1 12
- 4 2 2 1 4
- 1 2 4 1 4
- 6 2 2 11
- 7 5 12
- 4 2 3 2
- 1 7 1 2
- 1 2 2 2
- 6 16
- 1 1 1 3
- 1 2 1 4
- 1 2 1 1 3
- 1 2 2 3 2
- 1 3 1 1 4 1
- 1 1 1 1 3 4
- 1 1 2 2 3 1
- 1 3 4 4 2
- 6 4 9
- 5 3 5

난이도 ●●●●

B58 많이 마시면 잠이 안 와요

Column clues (top to bottom):

Col	Clues
1	1 2 15
2	1 2 2 5 2
3	11 3 2 1
4	1 2 1 1 1 1
5	1 2 5 2 1
6	1 2 6 2 2
7	1 2 2 4 4
8	11 3 11
9	1 1 1 2 5
10	3 7 1 1
11	6 1 2 1 1
12	3 1 1 2 1 1 1
13	2 4 1 3 8
14	2 1 2 13
15	2 1 17
16	2 1 1 1 2 12
17	2 1 1 1 12
18	3 1 1 2 12
19	4 1 2 3 5
20	4 2 3 2
21	10 2 2 1
22	8 2 2 1 2
23	6 5 2 2 1
24	11 2 3 4
25	7 3 1
26	1 1
27	2 2
28	3 2 1
29	4 2
30	9

Row clues (left to right):

Row	Clues
1	1 1 13
2	1 17
3	1 1 3 7
4	1 1 1 7
5	8 1 5
6	1 1 3 5 5
7	1 1 1 1 5
8	1 1 4 3 2 2
9	1 1 1 1 1 2
10	8 1 1 1 2
11	8 1 3 2
12	2 3
13	8 1 1 2
14	6 3 2 2
15	2 2 6 1 2 4
16	6 4 2 3
17	1 2 2 2 2 2
18	1 2 2 2 1 1
19	1 2 9 2 2
20	2 13 3 1
21	3 3 6 1
22	8 6 2
23	2 2 1 6 1 1
24	2 1 6 2 1
25	1 1 7 1 1
26	1 2 7 4 1
27	1 3 6 3 2 1
28	1 3 9 1 1
29	2 4 7 2
30	9 5 3

난이도 ●●●●

B59 화면 너머로 함께 먹어요

Row clues (top to bottom):

- 12
- 14
- 6 7
- 5 5
- 4 2
- 4 4 5
- 2 1 1 6
- 2 1 4 4 2 2
- 2 2 2 4 1 1 1 1
- 2 2 1 4 1 1 2
- 3 4 2 1 1 1 2
- 2 1 1 1 2 3 4
- 2 3 5 7 1
- 1 8 3 2
- 2 1 5 3
- 1 1 1 2 1 6
- 1 1 6 1
- 1 1 4 1 3
- 1 1 1 2
- 1 1 5 1 5
- 10 2 9 2
- 1 3 2 1 1
- 6 1 1 7
- 2 3 6 4 6
- 2 3 4 2 5
- 1 1 1 2
- 10 2 4
- 26
- 22
- 19

난이도 ●●●●

B60 건강하게 자라다오

	4 3 7 7 3	4 4 5 4 2 2 1	4 4 3 5 3 1	4 2 3 4 2 3	4 3 1 6 2	4 4 8 3	4 4 14 5 3	4 5 5 2 2 6	4 2 3 3 1 2	2 4 2 3 3	4 3 3 6	3 1 1 2 1 2	2 1 2 5 1	2 1 1 4 5 2	2 1 2 2 2 1	1 3 4 1 1 7	4 5 3 1 1 3	5 2 3 1 1 1	4 2 3 1 1 1	10 4 1	11 6 1 2 4	4 3 8 4	3 2 9 4 3	2 4 4 4	4 4

17 8																									
16 10																									
16 2 6																									
15 2 6																									
1 1 3																									
2 2																									
2 6																									
4 11																									
6 2 6																									
8 1 3 2																									
3 5 1 2 2 1																									
5 4 2 2 1																									
5 3 8 2																									
2 4 2 3 1 3																									
3 3 2 4 3 3																									
4 2 3 3 11																									
6 4 3 1 5																									
7 7 8																									
1 9 1 2 1																									
7 3 1 1 1																									
5 3 6 1 2																									
4 3 6 1 1																									
13 1 1																									
2 2 1 2																									
2 2 1 1																									
3 4 1 1																									
2 2 3 2 1 7																									
1 1 1 2 1 1 6 3																									
2 2 3 2 5 4																									
3 4 4 4																									

난이도 ●●●●

B61 따뜻해지면 사라지는 사람

Column clues (left to right, top to bottom):

Column	Clue
1	5 5
2	2 2 4
3	2 1 1 3
4	3 3 5
5	1 5 5
6	4 8 1
7	2 5
8	5 6 3
9	2 6 2 2
10	2 2 6 2
11	2 2 1 5 1
12	3 1 5 2 2 1
13	1 1 1 6 5 1
14	2 1 1 2 1 5 1
15	1 1 1 2 1 1 1 1
16	1 1 1 1 1 1 1
17	2 2 2 2 5 1
18	1 1 3 2 10 1
19	1 1 1 3 2 2 2 1
20	1 1 1 1 2 3 3 1
21	4 1 2 10 2
22	4 1 2 2 2 2
23	6 9 2 3
24	10 8 4
25	3 2 12
26	1 1 7 5
27	2 2 1 1 5
28	4 3 2 2 2
29	1 2 5
30	5 5

Row clues (top to bottom):

Row	Clue
1	5
2	4 2
3	3 5
4	2 4
5	8 4
6	2 4 5
7	2 5 2
8	1 7 2 1
9	1 2 5 1 1
10	3 2 2 2 2 2
11	2 2 2 6
12	1 5 2
13	2 1 4 1 2
14	4 1 2 2 1 3
15	1 3 3 5 3 3 1
16	1 1 1 1 3 5 1 1 1
17	1 1 1 12 2 1 1
18	2 2 4 2 3 1 2 1 2
19	4 4 2 2 6 2
20	2 2 5 2 3 5
21	4 10 4
22	2 4 3
23	1 1 1 1
24	1 1 2 1
25	1 4 1
26	7 3 7
27	2 4 7
28	8 5 2
29	5 4 10
30	1 21 6

난이도 ●●●●

B62 입을 대고 불면 소리가 나요

Column clues (left to right, top to bottom):

Column	Clues
1	7 5 15
2	6 7 15
3	5 7 5 1
4	5 4 3 3
5	3 3 2
6	2 10 3 2
7	1 12 1 3 2
8	10 4 4
9	5 1 4 2
10	3 5 1 2 2
11	2 8 3 1
12	2 6 6 2
13	1 4 2 2 2
14	1 4 1 1 1 1 2
15	1 3 1 2 1 4 2
16	1 3 1 2 2 2 4
17	1 3 1 2 5
18	4 2 2
19	3 1 1 4
20	3 5 1 2 5
21	3 1 2 2 2 2 7
22	12 2 1 2
23	3 1 3 2 3 1
24	2 2 2 2 4
25	4 3 5 4
26	3 2 6
27	8 1 2 2
28	2 2 2 1
29	3 2 2 3 4
30	4 17

Row clues (top to bottom):

Row	Clues
1	7 11 1
2	6 5 3 1 1
3	5 4 9 2 3
4	4 4 7 3 2 4
5	4 4 7 3 1 2
6	2 3 4 2 1 1
7	1 5 3 2 1 2
8	7 3 4 2 3 1
9	8 3 1 1 4
10	4 6 4 3 3
11	3 3 2 2 3
12	3 2 1 1 1 3
13	4 2 2 1 3 2
14	3 2 5 2
15	1 3 5 2 1
16	2 2 6 5 1
17	9 2 2 9 1
18	6 2 1 7 1 2
19	4 2 3 4 2 2
20	3 1 2 3 3 6
21	3 2 3 1 4 1 2 1
22	2 3 2 1 1 3 1
23	2 2 4 1 1 1
24	2 2 1 2 1 1
25	2 2 1 1 2 1
26	2 1 2 1 1 1
27	2 2 1 1 2
28	2 2 1 2
29	2 2 2 2
30	3 2 3 3

난이도 ●●●●

B63 겨울의 스포츠

Row clues (top to bottom):

- 10 9 9
- 9 11 8
- 9 12 7
- 9 1 3 7
- 9 1 2 4 7
- 10 3 6 7
- 12 2 9
- 12 2 4
- 4 3 1 3 2
- 3 7 2
- 2 1 2 3 2 3 2
- 3 1 4 5 1
- 2 2 3 1 3 2 1
- 1 1 3 1 1 1 1 1
- 2 4 2 2 1 2
- 3 2 3 3
- 2 6 6
- 1 2 7 2
- 1 2 2 3 1
- 1 1 2 2 1 3
- 2 1 1 4 5
- 2 1 1 2 5
- 1 2 2 2 5 1
- 1 2 2 7 2
- 3 7 1 2 4
- 1 2 6 6
- 1 3 3 6
- 3 2 5 4 3
- 16 3 4
- 11 8 1

난이도 ●●●●

B64 상상 속 동물

Column clues (top → bottom):

```
                                         1 3 1
                                         2 2 1
           2                  1          1 1 2
      2 3  2 2    1     4    2           2   2      1 3 5
   6  3 1 2 1 3 5 3 2 2 4 1 1 3 8 5 4 2 2 1 4 2 1 3 5 15
   6  3 1 2 2 1 1 3 8 2 1 1 8 5 8 1 2 3 1 1 4 2 1 3 5 15
  15  3 4 3 3 3 7 9 3 3 2 2 1 1 1 2 1 2 2 4 2 1 1 6 4 2 4 10 15 15
   3  3 3 3 3 3 3 3 3 3 3 3 3 3 3 3 3 1 1 3 2 5 1 3 8 5 1 1 12 11
```

Row clues (top → bottom):

Row	Clues
1	5 6
2	3 3 3 5
3	3 3 3 3 2 5
4	2 4 8 4
5	2 2 4 3 4
6	2 2 6 3
7	1 2 2 2 2 3
8	1 2 1 6 3
9	1 1 2 4 2 3
10	2 2 3 8 3
11	2 2 2 4 4
12	2 1 2 4 4
13	3 1 5 5
14	3 2 2 5
15	4 2 2 3 6
16	3 3
17	4 2
18	10 5
19	10 5
20	3 4 4 1 1 4
21	2 2 4 2 4
22	2 2 1 2 3
23	3 2 3 3
24	2 1 4 3
25	2 1 5 3
26	2 1 3 3
27	2 2 2 3
28	18 7 2
29	17 1 7
30	20 3 2

난이도 ●●●●

B65 검은띠를 매고 싶어요

Column clues (columns 1–30, top to bottom):

Column	Clues
1	1 5 3
2	5 1 8 1
3	2 3 6 1 1
4	2 2 3 1 1
5	2 1 2 2 1 1
6	2 1 5 1 1
7	1 7 1 3
8	5 2 1 1 1 2
9	10 1 6 4
10	4 5 1 6 2
11	3 3 2 1 1 3
12	2 1 1 3 7 3
13	2 1 2 2 6 3
14	2 2 5 2 1 5
15	2 1 5 2 1 2 1
16	5 1 4 1 3
17	2 5 4 1 1
18	2 1 1 1 1 1
19	1 2 1 2 1 1
20	2 1 1 8 1
21	2 2 1 5 1 1
22	5 1 1 5 2
23	6 1 1 5
24	2 3 1 1 5
25	1 2 3 1 6
26	1 1 2 1 7
27	1 2 1 8
28	29
29	30
30	30

Row clues (rows 1–30, left to right):

Row	Clues
1	7 3
2	9 7
3	4 1 3 3
4	3 1 2 3 1 3
5	2 1 1 4 6
6	2 2 1 3 3 4
7	2 1 2 5 3
8	3 6 4 3
9	5 3 1 3
10	2 3 2 4 3
11	2 3 2 1 3 3
12	2 1 4 3 3
13	2 1 2 1 3
14	1 3 3 1 3
15	1 2 2 2 3
16	1 1 5 3
17	2 11 3
18	5 2 2 2 3
19	6 2 2 14
20	12 3
21	6 2 2 14
22	5 2 12
23	4 3 11
24	3 6 11
25	3 7 11
26	2 1 1 1 6
27	1 1 1 1 5
28	9 8 4
29	1 2 1 1 3
30	7 7 2

난이도 ●●●●

B66　글러브를 끼고 원! 투!

Column clues (top):

```
                                          1
                          3 1 1
              2 1             3 3 3     2           1
            3 2 2 9       1   3 1 1 1   2 1 1 1 3 1
          4 2 3 3 4 2   10 1 3 1 3 1   1 1 3 3 3 2 1 6 2 1 2 2 4     1
          2 3 3 3 2 2 1 3 3 1 1 2 3 1 5 3 3 2 2 1 3 2 6 4 2 1 2 1 1
          3 4 1 1 2 1 2 5 4 3 1 1 2 3 3 3 2 1 3 5 2 6 2 1 2 1 11 1
          9 3 2 2 2 7 13 2 2 3 3 6 7 10 3 5 1 4 3 4 7 10 9 6 3 3 4 5 5 10
```

Row clues (left):

```
                5 23
          3 1 1 2 2
          2 2 13 1 3
          1 3 13 2 2
          2 1 14 3 2
          2 2 1 4 1
        1 3 1 4 1 2
            4 1 10 4
      3 1 5 4 7 1
          2 3 5 3 1
        1 2 3 3 2 3
          1 2 4 4 1
        2 2 1 2 4 2
        4 2 2 2 1 1
        2 2 6 2 2 1
        2 3 2 3 3 1
          1 1 4 7 1
        4 2 4 2 1 1
      2 3 4 2 3 2 1
        1 1 5 3 2 2
          1 6 2 1 3
        1 3 1 3 2 4
            1 3 2 8
            1 3 1 9
              1 3 8
              2 3 4
              9 2 5
              3 4 8
                3 6
                3 7
```

난이도 ●●●●

B67 잠시 앉아서 쉬어요

		2	4

(Puzzle grid — Nonogram)

Column clues (left to right):
2 4 | 2 1 4 | 2 3 3 | 2 1 2 3 5 | 2 2 10 | 2 1 7 | 2 1 3 | 1 2 2 | 2 3 3 | 2 8 7 3 | 1 1 2 | 4 1 5 2 | 2 1 1 3 3 | 2 1 1 1 6 | 1 1 1 1 2 2 1 1 5 | 1 1 1 1 1 3 | 1 1 2 1 2 3 | 1 2 1 1 6 | 1 1 1 2 1 12 | 2 1 2 1 1 9 | 1 2 8 | 2 2 7 8 | 2 2 3 2 | 3 7 13 | 10 9 | 2 5 8 | 2 4 | 2 | 2

Row clues (top to bottom):
Row	Clue
1	30
2	11 3 10
3	1 3
4	2 2
5	1 2
6	1 2
7	6 2
8	2 5 3
9	2 4 2
10	3 4
11	4 2
12	2 2 2
13	6 3
14	4 6 3
15	3 8
16	3 5
17	1 2 2
18	3 6
19	6 7
20	9 6 3
21	12 3 2
22	3 6 5 2
23	2 5 2 2
24	3 2 2 3
25	3 3 3 2
26	3 3 3 2
27	3 2 2 2
28	3 3
29	3
30	3

난이도 ●●●●

B68 얼음 위에서 씽씽!

Column clues (top):

								1	1					1	2									
						1	1	1	1	8		1		1	1									
			2		1	1	1	1	1	1	2	2	6	2	2	1	1	8	8					
	2	2	2	1	1	2	2	1	1	9	3	3	3	1	1	2	1	1	1	3				
	2	2	9	2	2	1	1	1	2	1	3	3	1	2	1	2	1	1	1	1				
	2	2	2	2	1	3	1	2	1	1	2	1	2	2	1	1	1	1	1	1	4	2		
8	10	2	1	2	3	2	2	2	2	1	1	2	2	2	2	2	1	2	2	2	3	1	2	5
2	3	9	9	8	3	3	2	2	3	3	2	2	6	6	6	2	2	2	2	3	7	10	3	3	3	7	3

Row clues (left):

- 5 4
- 3 1 3 2
- 4 4 1
- 2 1 4 2
- 1 1 1 1 2
- 1 3 2 1 2
- 1 3 2 2 2
- 1 1 2 2 2
- 1 3 2 7
- 1 3 6 3 1
- 1 2 1 1 6
- 1 2 5 4 1
- 1 1 3 1 1 6
- 1 2 5 4 1
- 1 1 3 1 1 6
- 1 2 4 2 4
- 1 1 4 2 5 2
- 1 2 3 1 1
- 3 5 4 1
- 4 1 3 2 1
- 6 3 1 2
- 6 7
- 3 3 7
- 3 4 2 4
- 5 14 3
- 7 17
- 10 3 8
- 11 8
- 14
- 9

난이도 ●●●●

B69 빙판 아래의 물고기를 잡아요

Row clues (left to right, top to bottom):

- 9
- 5 1 2
- 4 2
- 3 4 1
- 2 6 1
- 3 2 1 2 1
- 2 2 1 2 1
- 2 1 1 1 1
- 2 2 2 1 1
- 4 2 1 2 1
- 2 3 4 1 3
- 1 2 1 3 3 1
- 1 1 5 2 3 1
- 1 1 1 2 2 1
- 1 2 1 5 1
- 1 8 3 2 1
- 2 1 4 10
- 3 1 3 2 1
- 1 3 1 7 1
- 1 9 2 1
- 2 2 2 1
- 3 1 1 1
- 5 1 3 1 3
- 6 3 1 2 2
- 1 4 1 1 1 1 1
- 2 4 2 2 2 1 1
- 3 5 4 2 1
- 3 6 5 4 3
- 2 2 6 6 3 2
- 1 1 6 6 6

Column clues (left to right):

- 3 2
- 16 2
- 3 3 3
- 3 3 2
- 5 2
- 4 1 2 2 3 4
- 3 3 2 1 5
- 6 9 1 3 4 5
- 2 1 2 2 4 4
- 2 3 1 2 1 4 5 4
- 1 4 2 1 1 4
- 2 3 4 2 1 1 5
- 1 2 2 1 6 3
- 2 4 1 2 2 2
- 2 1 1 1 5 4
- 1 1 6 2 5
- 1 1 2 7 3
- 8 2 3 2 2
- 3 1 4
- 2 3 6 5
- 3 2 6 1
- 2 1 2 1 2
- 1 1 2
- 1 1 1 4 1 7
- 2 14 1
- 1 1 2 1 1 1
- 1 2 1 7
- 1 1 2

난이도 ●●●●

B70 산타 할아버지의 친구

		2		2			2	7		2			1							1	2			3					
	1	2	3	2			1	3	6	1	3	2	2	1		3		2	1	2				3	1				
3	5	2	1	2		7	1	2	3	1	2	2	1	3	4	2	1	3	1	3	3	3		3	1		2		
3	1	3	6	1	1	7	2	3	1	3	1	6	3	3	1	3	1	2	1	1	1	3	1	3	5	1	2	2	
1	3	2	1	1	4	6	2	2	5	1	4	3	6	1	3	3	1	1	2	1	3	3	1	1	3	3	2	7	2
4	7	8	7	4	3	9	2	2	7	3	7	2	2	2	7	2	2	2	2	2	2	2	8	1	2	7	2	2	9

Row clues (left):

```
            3 2 2 4
                5 6
                4 4
            2 2 2 4
            7 2 2 1
              2 8 3
              4 4 4
                3 4
              2 3 1
            4 2 1 4
        1 2 2 1 2 2
            4 2 2 1
        2 3 2 7 1 1
            2 3 7 6 2
            5 3 3 2 2
              1 3 2 3
            3 4 2 4 5
            6 4 2 2 1
              2 4 2 1
                1 1 1
            1 1 1 5 1
            3 5 3 2 2
            5 3 1 5 2
          3 1 3 6 4 1
      5 1 1 1 1 1 1 1
          7 3 1 1 1 1
          7 3 10 1 1
          7 3 10 1 1
              4 5 6
              4 5 6
```

난이도 ●●●●

B71 먼지를 빨아들여요

Nonogram puzzle (30 × 30 grid).

Row clues (top → bottom):

Row	Clue
1	8
2	10
3	4 5
4	4 5
5	3 3
6	4 3
7	1 1 4
8	1 2 3
9	2 1 1 1
10	1 2 1 1
11	1 1 2 1
12	2 1 2 1
13	1 2 2 2
14	2 1 7
15	1 2 6 2
16	1 1 2 5 2
17	1 1 1 4 1
18	1 2 2 3 2
19	2 1 1 4 1
20	1 1 1 7
21	1 2 1 7
22	4 3 3 2
23	6 1 3 2 3 1
24	5 3 1 3 6
25	12 2 2 6
26	2 12 3 1 6
27	3 7 1 2 1 6
28	4 2 2 3 5
29	4 4 2 3
30	5

Column clues (left → right):

Col	Clue
1	2
2	3
3	2 2
4	3 1
5	3 1
6	3 1
7	5 1
8	2 5 3 1
9	5 3 1
10	3 6 2
11	3 8 1
12	3 4 8
13	4 4 3 2
14	4 3 1 3
15	3 1 4 4
16	4 5 3
17	5 8 4
18	8 4 2
19	4 5 2 1
20	4 3 2 1 2
21	2 2 1 2
22	2 3 3 4 1
23	3 3 4 8 5
24	4 4 3 1 5
25	2 3 4 10
26	3 2 3 6 7
27	5 2 2 5 7
28	8 4 4 3 7
29	3 2 3 3 5
30	3 2 3 5 10

난이도 ●●●●

B72 지구를 정복했던 파충류

(네모네모로직 / Nonogram puzzle)

가로 열 힌트 (열 단서):

열별 숫자(좌→우):
5 7 / 5 7 5 / 2 4 3 2 / 1 2 4 1 / 3 7 2 2 8 / 2 2 2 1 7 1 / 1 1 1 1 / 1 2 2 2 9 3 / 1 1 1 2 9 9 / 1 1 2 2 3 9 / 1 2 2 2 2 1 2 6 3 4 3 / 2 2 2 2 3 1 / 1 2 1 2 1 5 / 1 2 5 1 / 2 5 1 / 2 3 4 1 2 3 / 3 1 1 2 5 / 3 2 2 3 / 3 1 2 2 / 3 1 3 / 3 1 3 / 2 2 3 4 6 3 5 2 / 3 6 3 5 2 7 3 / 13 8 3 1 / 3 10 2 3 / 2 4 6 1 3 5 / 2 3 7 6 4 / 2 3 4 5 4 / 3 6 11

세로 행 힌트 (행 단서):

- 7 4 3
- 3 4 12
- 2 4 2 2 5 2
- 1 2 2 2 1 3 2 1
- 2 1 10
- 2 1 1 3 12
- 1 2 2 6 3 6 2
- 1 3 8 2 8 1
- 1 3 2 1 2 2 2 1
- 1 9 2 2 1
- 2 3 1 3 1
- 1 6 3
- 1 3 3
- 1 2 4
- 1 4 2 3
- 3 5 1 4
- 5 3 9
- 2 2 4 1 8
- 3 1 3 2 7
- 3 2 1 1 2 5
- 1 1 3 3 1 3
- 6 2 2 2
- 8 1 2 3 1
- 3 6 6 4 3 1
- 3 6 2 2 3
- 4 6 3 1 3
- 4 5 2 1 4
- 3 8 7 4
- 2 8 8 2
- 2 2 2 2 2 2 1

NemoNemo Logic Vol. 40

PART C

SIZE: 30×30 35×35 40×40

난이도 ●●●●●

C73 동전을 넣어요

Row clues (top to bottom):

- 2 9
- 3 9 3
- 7 7 1
- 6 2 2 3
- 6 1 7 1
- 2 2 1 2 1
- 1 2 1 7
- 1 1 4
- 5 1 3 4 5
- 10 4 3 2
- 5 2 5 1 4
- 4 7 1 4
- 4 2 4 4
- 3 2 2 2
- 3 2 4 1
- 2 2 3 3
- 3 2 2 3
- 3 1 1 3 3
- 3 3 1
- 3 3 4
- 3 7
- 4 4 1
- 4 3 3
- 5 2 2 3
- 3 2 2 2 2
- 3 2 3 2
- 4 2 6
- 10 3
- 13 3
- 20

난이도 ●●●●●

C74 얼굴을 깨끗하게 씻어요

																	1		2										
																	3		2										
																	1	1	2	6	2								
					3					4			2	1	1	1	2	2	2	3	1								
		9	9	4	4	9		7	5	3	3	2	4	3	3	3	3	2	1	1	1		10	10	11		12	12	
	10	2	3	3	3	4		2	2	4	4	3	3	2	1	1	2	4	3	1	2	3	1	3	2	11	2	8	13
6	3	2	3	3	3	2	16	4	4	1	7	7	4	1	3	6	3	5	1	2	1	3	2	3	5	4	7	3	6
4	1	2	2	2	2	3	5	3	2	3	3	4	4	4	4	3	3	5	1	2	1	4	4	2	2	2	2	2	6

			5	11	7
			13	2	7
			11	1	7
		4	5	5	7
		3	5	7	7
	4	4	6	1	7
	4	4	4	1	7
	4	4	3	3	7
4	2	2	1	3	7
	3	1	2	2	7
		2	5	2	5
		7	2	1	3
		7	1	3	1
			8	2	1
		2	3	11	3
1	3	2	3	1	3
	1	6	3	6	2
		6	2	2	2
			9	3	4
		4	3	4	5
			2	5	4
		2	2	2	4
		3	3	1	1
		3	4	2	1
		3	4	5	3
	3	5	3	3	2
		9	2	3	2
		9	2	4	1
		7	4	2	6
			7	2	4

난이도 ●●●●●

C75 나이가 많아요

네모로직 (Nonogram) 퍼즐

가로 줄(행) 힌트 — 위에서 아래로

#	힌트
1	1 2 2 8
2	2 2 2 2 2 2
3	2 2 2 2 1
4	1 2 2 11
5	1 4 17
6	2 4 1 3 3
7	6 5 1 1 3
8	5 3 3 1
9	3 2 3 2
10	2 1 1 3
11	2 2 1 2 1
12	2 4 1 4
13	4 1 1 2
14	2 1 1 2 5
15	1 3 1 4
16	1 3 2 1 2
17	3 5 3 1 1
18	2 1 4 8 2
19	3 1 5 5
20	3 1 3 2 2
21	3 1 1 1 2
22	6 1 15
23	3 2 1 2 4
24	3 1 2 2 4
25	1 3 1 3 3
26	3 2 1 2 2 3
27	4 2 2 1 2 2 3
28	7 1 6 2 2
29	6 9 2 2
30	5 6 2 1

세로 줄(열) 힌트 — 위에서 아래로

#	힌트
1	13 3 17
2	3 1 2 6 3
3	6 5 1 4 5
4	8 1 3 1 4
5	3 4
6	2 3 4 7 3
7	3 2 1 1 3
8	2 3 1 4
9	3 2 2 2 2
10	2 1 1 2
11	2 1 3
12	1 2 3 3
13	1 1 4 3 1 3
14	1 1 2 2 2
15	6 2 4 2
16	1 2 5 1 8 3
17	1 8 2 2 1 3 3
18	2 3 1 1 1 1 5
19	2 4 1 4 1 1 3
20	1 2 1 5 1 3
21	1 1 3 3 3
22	4 1 1 1 1
23	6 2 2 3 1
24	1 3 1 2 2 1 10
25	2 1 13
26	1 1 6
27	3
28	6
29	8
30	9

난이도 ●●●●●

C76 높이 높이 날려요

Nonogram puzzle (31 columns × 30 rows).

Row clues (top to bottom):

#	Clues
1	4 3
2	1 3 6
3	1 4 10
4	2 6 11
5	2 3 2 7 2
6	6 3 6 3
7	5 2 4 3 1 1 1
8	3 3 1 2 3 1 1 1
9	2 3 2 2 2 4 1 1
10	3 2 3 2 2 3 1 2
11	2 1 2 2 2 1 2 2
12	2 2 3 1 2 2
13	2 3 2 2 2 2
14	2 3 2 1 2
15	3 2 2 1 2
16	2 1 2
17	1 5 2 1 3
18	11 2 2
19	11 1 3
20	10 1 2
21	6 1 2 1 2
22	6 1 1 2 2
23	3 2 1 1 1
24	2 1 2 3 2
25	2 1 4 3
26	9 1 1
27	5 2 2 4
28	5 3 6
29	7 4 9
30	13 12

Column clues (left to right, top to bottom):

#	Clues
1	4 2 2 5
2	4 2 7 2
3	2 1 8 4
4	3 2 6 6
5	2 4 2 8 5
6	2 1 3 3 2 7 5
7	1 4 3 2 3 4 2
8	7 2 3 6 1 1
9	5 4 3 1 1 1
10	4 3 4 3 1
11	3 3 2 1
12	2 2 1 1
13	1 2 3 1 2
14	2 1 1
15	8 1 1
16	5 4 2 3
17	5 1 2
18	5 2 2
19	6 3 1
20	6 2 1
21	7 3 1
22	6 5 2
23	6 6 2
24	12 2
25	1 3
26	4 3 3
27	3 5 3
28	2 2 9 4
29	4 3 4 4
30	4 6 4
31	10 5 4

난이도 ●●●●●

C77　손으로 강아지를 만들어요

세로 힌트 (열 단서)

					7	7	2																						
				6	4	4	12	16	17	14	12	10																	
			5	5	3	1	1	1	2	2	1	2	10	12	11														
		5	5	3	3	1	1	2	1	1	1	1	1	2	2	11	1	1	2	2	2							2	
	4	2	3	1	1	1	2	1	1	2	1	3	2	2	1	2	2	3	10	4	3	2	2	3	7	3	2	1	2	4
3	3	2	3	2	3	1	1	3	1	2	1	1	1	1	1	3	1	2	2	2	1	2	2	2	3	10	2	1	1	15

가로 힌트 (행 단서)

행 단서
4 3
5 3
4 4
5 4
13
17 3
19 2 2 2
20 3 1
20 2 1
21 1 1
19 1 1
8 3 1 2
9 2 2 2
9 2 4 2
9 2 2 2
10 2 1
3 2 1 1
1 3 2 1
2 4 1
10 1
1 4 1
2
5
5
4
5
4
2
1 11
24

난이도 ●●●●●

C78 사람의 머리뼈

Column clues (top, read top-to-bottom per column):

					2				1																				
					5		1		1	1																			
	2	2			3	2	4	1	3	1	6		6			4	2	1	1	1	2	2	3	3		2			
	4	6	4	3	1	8	1	6	1	2	1	6	1	6	6	5	2	2	2	3	6	2	1	1	4	2	2		
2	2	4	6	6	9	1	3	3	4	3	3	3	4	3	5	7	1	3	2	6	6	3	3	2	2	2	1	4	2
4	2	2	8	9	1	4	2	1	1	1	1	1	1	1	1	2	1	1	2	2	2	6	6	4	2	2	3	7	2

Row clues (left):

- 11 12
- 7 9
- 2 3
- 2 2
- 1 2
- 1 1
- 1 1
- 1 1
- 2 3 1
- 1 2 1
- 1 3 6 3 1
- 6 6 3 1
- 5 8 2 1
- 8 8 2 2 1
- 8 6 5 2
- 1 2 3 5 3 1
- 1 5 1 2
- 1 2 2 8
- 2 2 2 9
- 3 6 2
- 3 4 5
- 3 3 6 4
- 2 1 1 1 1 3 4
- 2 1 1 1 1 6 1
- 13 2 1
- 2 1 1 1 1 3 2
- 3 1 1 1 1 1 2
- 2 2
- 3 4
- 11

난이도 ●●●●●

C79 당신을 위해 준비했어요

Column clues (left to right, top to bottom):

1. 3 8
2. 5 2 3
3. 3 2
4. 4 2
5. 4 4 2 1
6. 2 2 2 2 2
7. 1 4 6 4
8. 1 3 3 2 1 3 1 2 1
9. 1 8 3 2 1 2 2 2
10. 1 5 2 3 1 4
11. 1 1 1 1 4 3 1 3
12. 1 3 9 5 2 2
13. 3 2 6 7
14. 4 4 3
15. 3 3 1 5
16. 6 2 2 1 2 3
17. 3 3 3 1 2 4
18. 1 7 2 6 2 4
19. 1 2 8 2 3 6
20. 3 2 2 2 2 2 4
21. 3 2 2 2 2 2 2
22. 1 4 3 2 3 2
23. 1 4 4 1 2
24. 2 2 2 6 1
25. 3 2 2 2 3
26. 2 3 2 2 1
27. 3 4 3
28. 4 4
29. 2 2 4
30. 10

Row clues (top to bottom):

1. 2 9 9 3
2. 6 2 2 7
3. 5 3 3 4 4 1
4. 4 3 2 2 2 1 3
5. 2 7 2 1 1 2
6. 1 4 2 3 2 2 1
7. 1 1 2 1 3 2 3 1
8. 2 3 1 4 2 2 1
9. 2 2 2 2 1 1 1
10. 1 3 2 4 1 1 2
11. 1 2 4 2 3 2 1 2
12. 1 4 1 4 1 1 1 2
13. 1 1 3 2 1 2 1 2 2
14. 1 1 1 1 2 1 1 1 1 2
15. 2 3 1 3 1 2 2 1 2
16. 2 3 3 1 1 2 1 2
17. 2 1 3 5 4
18. 2 2 3 2 3
19. 3 2 6 3
20. 8 9
21. 4 2 3 2
22. 2 1 2 2
23. 2 2 1 2
24. 6 1 3
25. 1 10
26. 12 1
27. 5 1 7
28. 2 1 2 5
29. 2 2 2 2
30. 2 1 1 2

난이도 ●●●●●

C80 비가 와요

행(가로) 단서 — 위에서 아래로:

행	단서
1	1 1 1 3 1 2
2	1 1 1 12 1 2
3	1 1 6 2 7 1 2
4	1 6 1 2 3 2
5	5 2 2 2 1
6	5 1 1 2
7	5 6 7 2
8	8 12 2
9	5 1 7 4 1
10	1 1 1 1 2 4
11	5 1 1 3 3 3
12	5 5 1 2 3
13	1 1 3 1 1 5
14	1 1 5 3 1 1
15	1 1 1 2 2 3 1 1
16	1 1 3 4 2 1 1
17	1 1 2 2 2 1
18	1 6 2 1 1 1 1
19	1 6 1 1 1 2 1
20	4 3 1 2 1 1 1 1
21	4 2 2 1 2 1 1 1
22	4 2 1 4 1 2 1
23	1 2 2 1 2 2 1 3
24	1 5 1 2 2 2 3
25	1 5 2 5 1 1 2
26	1 2 3 4 3 1 1 2
27	1 2 4 1 1 2 3
28	3 2 3 2 1 3 1
29	3 2 3 12 2
30	12 2 1

열(세로) 단서 — 맨 아래 행들 (그리드에 가까운 순서대로):

열	1	2	3	4	5	6	7	8	9	10	11	12	13	14	15	16	17	18	19	20	21	22	23	24	25	26	27	28	29	30
최하단	15	2	12	15	2	12	10	4	3	2	1	5	3	2	2	2	2	2	2	2	2	3	2	6	3	3	3	1	5	1
2단	3	3	1	1	2	2	1	3	5	2	2	3	1	4	6	4	3	2	1	1	1	4	4	2	2	3	4	2	4	11
3단	3	1	4	5	2	5	1	4	1	4	1	2	1	11	1	4	3	2	1	2	1	3	5	8	1	2	3	3	2	4
4단	3	4		1		6	1	1	2	1	1	1	3	4	1	1	2	4	3	3	1	3	2	2	4	1	1	3	2	4
5단 (6 행)			6				3	2	1	2	1	2	3	4	1	5	2	2	2	2	3	3	1		1	2	2	2	5	
6단								2	1	2	1	2			1	2				1	3				1	3				
7단									3	1		1			3	1										2				
8단									3			3				3														
최상단									1																					

난이도 ●●●●●

C81 무엇이 더 무거울까요?

상단(열) 힌트

(줄1)							2 2																						
(줄2)		2	2	2	2		2 1	2	2		6	3	3		5		2	2	1			2	1	2					
(줄3)		1	2	1	5		2 4	2	1	2	7	1	1	3	7	2	2	1	1	1		5	1	1	2				
(줄4)	2	5	3	4	2	16	1	2	3	3	1	2	2	17	14	16	3	1	1	3	3	3	3	3	3	4			
(줄5)	4	2	2	3	5	1	2	1	1	2	5	3	5	2	1	1	1	1	1	1	3	6	4	3	4	4	22	4	4	4 2 3
(줄6)	2	6	2	1	1	1	1	1	1	1	1	2	4	1	1	1	1	1	3	4	2	1	1	1	1	1	1	2	7	

좌측(행) 힌트

- 2 4
- 2 3 2
- 4 5 1
- 1 7 2 2
- 9 5
- 5 1 4
- 3 4 1 4 2
- 9 3 2 3
- 1 3 4 3 4
- 1 4 3 2 1
- 2 5 3 1 1
- 3 2 3 1 1 1
- 2 3 2 1 1
- 3 3 1 1 2
- 5 5 2 1 1
- 1 1 1 5 1 1
- 1 1 1 5 1 1 1
- 2 1 2 5 2 1 1
- 1 1 1 5 1 1 1
- 2 1 1 5 1 7 1
- 1 1 1 5 11
- 1 1 1 3 11
- 1 4 2 1 2 2 6 1
- 2 2 2 1 2 1 2 2
- 1 1 1 1 1 2 8
- 4 4 1
- 6 12
- 2 7 1 1
- 2 9
- 10

난이도 ●●●●●○○

C82 순서대로 서요

																							3						
					2																	3	2						
			3	2	1	1	2						3	2	3	3	3	9	9			1	1		2				
		4	2	2	1	2	2	3	16	9		3	2	2	1	2	3	2	1	5		1	1	3	1	3		3	
6	8	4	4	1	1	1	3	2	1	2	3	1	1	1	1	2	3	1	1	6	4	1	2	2	1	2	7	2	
8	2	1	1	4	1	3	1	2	1	1	3	2	1	1	1	4	4	1	1	1	2	1	1	1	1	3	3	1	
2	12	3	3	2	8	3	3	13	2	6	8	1	1	5	1	4	1	2	1	6	10	1	2	1	1	4	5	1	5

							8
						6	3
						4	2
				3	1	1	2
			2	1	1	2	5
					2	1	9
				3	2	6	4
				3	5	2	7
			6	2	2	2	10
		2	4	1	1	7	3
			2	3	1	4	2
		1	3	3	4	2	4
	1	1	1	2	4	1	2
			1	1	12	2	1
		1	1	2	3	2	1
			1	4	1	3	1
				1	1	4	9
	2	3	1	1	2	1	2
		4	1	1	1	2	1
		1	1	1	2	1	2
	1	1	1	1	1	4	1
1	1	1	6	1	1	1	1
1	1	4	2	1	1	1	1
		1	1	1	1	6	3
1	1	1	2	1	2	1	1
		1	1	3	1	6	3
			8	1	1	1	7
			11	1	1	2	1
		4	5	1	5	1	1
			1	1	1	1	1

난이도 ●●●●●

C83　부엉~ 부엉~

Row clues (left):

- 2 3
- 1 3 6 2 1
- 1 9 2
- 2 2 2
- 6 4
- 4 2 2 2
- 3 3 3 2 1
- 3 3 3 2 2
- 3 3 3 2 3
- 4 2 2 7
- 8 5 4
- 10 1 2
- 5 3 1 2
- 3 2 1 1 1 2
- 1 1 1 3 1 1 2 1
- 1 1 2 6 2 1 1 2
- 1 5 1 3 1 2 2 1
- 2 2 1 1 4 2 2 1 2
- 2 1 6 2 2 1 2 1
- 3 4 1 1 3 2 2 1 1
- 2 5 1 2 3 1 1 2
- 3 1 1 2 6 4
- 4 2 2 7 2
- 5 2 2 3 1 1
- 5 2 2 2 2 1
- 5 4 2 3 3
- 2 6 5 3
- 7 2 2 1 5
- 10 9 3
- 2 2 3 3 3 3

난이도 ●●●●●

C84 내가 찍는 나

Column clues (top):

		1	2															5	5	6		
		2	1	1											3	4	1	3	3	6		
	7	1	2	1	1									3	3	3	2	1	2	6		
	1	1	1	3	6			8	12		4	3	3	3	3	2	1	1	1	2	7	9	7
3	1	1	1	5	2	14	12	1	1	2	3	2	4	3	1	1	1	1	4	2	12	10
9	6	5	4	1	2	1	1	2	4	8	2	18	11	10	8	2	1	1	1	7	11	16

Row clues (left):

- 4 9
- 3 2 13
- 1 2 15
- 1 4 3 10
- 3 3 3 9
- 2 4 2 7
- 2 5 2 4
- 8 5 4 3
- 2 3 6 4 1 1
- 1 4 2 4 1 2 1 1 1
- 1 3 3 1 1
- 1 4 2 3 2 3
- 1 4 3 5 3
- 1 5 4 4 4
- 1 4 5 2 5
- 1 2 5 7
- 2 1 9 5
- 1 3 8 5
- 5 1 2 5 5
- 1 2 2 4 5
- 1 3 4 5
- 2 2 11
- 1 1 1 3 4
- 1 1 1 2 4
- 1 1 3
- 2 1
- 1 2
- 1 2
- 3 4
- 10

난이도 ●●●●●

C85 이번에는 무엇이 나올까요?

(가로·세로 네모로직 퍼즐 / 30×30 grid)

행(가로) 힌트:
- 3 3
- 8 1 2
- 12 1
- 5 12 1 1
- 3 8 2 1 1
- 1 6 2 1
- 4 2 4 5
- 2 2 1 4 3 4 1
- 2 1 2 2 1 2 2 1
- 2 1 2 2 1 1 1 1
- 1 1 2 3 2 1
- 1 2 2 2 1 1
- 1 2 2 2 1
- 4 4 7 1
- 2 3 2 2 5 3 1
- 1 8 3 8 1
- 2 6 2 1 4 3 1
- 2 2 2 3 1 3
- 11 1 1 1 2
- 10 2 2 1 1
- 1 1 1 5 1 1
- 1 1 1 1 5 1
- 2 1 1 1 5 2
- 4 2 1 2 6 1
- 1 8 2 1 6 1
- 1 1 1 1 6 1
- 5 3 8 2
- 10 7 3
- 1 7 2
- 1 7 2

열(세로) 힌트:
- 3 2 3 2
- 1 3 2 2 7
- 2 1 1 2 1 2
- 2 4 2 1 2 1
- 1 2 2 1 1 2
- 4 3 2 4
- 3 2 2 1 1
- 2 2 2 1 1
- 2 2 5 1 1
- 1 2 1 2 1
- 1 2 1 3 1
- 3 1 1 3
- 3 2 7 2 4
- 3 2 1 3 3 4 5
- 8 6 2 4 3 5
- 8 2 4 1 4
- 4 2 4 5 3 4 1 8
- 4 2 4 2 5 4 4
- 3 1 4 4 2 1 1 5 9 9
- 1 4 2 1 5 3 16
- 9 3 7
- 3 1 6
- 1 2 2 1 2 6
- 2 1 2 4 3
- 15 3

난이도 ●●●●●

C86 어두운 바다의 신호등

					1	1						1																	
			2		2	1	1			2		1										2							
1	2	1	1	1	1	1	1	2	1	1	1	1		3								1			2	1	1		
1	1	1	2	1	1	1	1	2	1	1	2	2		2		2		5				2	1		1	2	1	1	
1	2	2	1	1	1	1	1	1	1	1	2	4		1	1	2		2		9		3	1	1	1	1	1	2	1
1	1	1	1	1	1	1	1	1	1	1	1	1	12	1	10	3	4	3	4	3	20	2	1	1	1	1	1	1	1
1	1	1	1	1	1	1	1	1	1	1	1	5	6	1	1	3	7	1	9	2	2	2	3	1	4	4	4	3	1
2	2	2	3	3	1	1	1	1	3	1	3	1	1	1	1	1	1	1	6	1	1	1	1	9	1	1	1	1	7

					2	3
					3	7
			3	2	5	2
				3	11	3
			3	1	2	8
				4	1	2
					3	2
					6	5
			4	1	7	3
				4	9	3
4	2	1	1	1	2	2
	2	2	1	1	1	2
					7	1
					2	6
					2	9
					14	11
				3	2	2
			3	1	1	3
					1	1
					4	1
				4	1	7
					1	9
			4	6	2	7
				1	2	6
	5	1	1	2	1	1
	2	5	1	2	1	1
		5	1	1	1	1
			5	11	1	1
					10	10
						1

난이도 ●●●●●

C87 논밭을 지켜요

										2	1	2																	
										2	1	1	1	1		1	4												
				6			2	2	1	2	2	2	3	2	1	1	3						3	5	6				
			6	2	8	7	4	1	1	2	1	1	2	1	1	1	2	4	3		3	3	2	1	2		7		
	6	6	2	1	3	4	4	5	4	1	2	1	4	1	1	2	3	3	1	3	4	3	2	2	3	10	3		
6	3	2	3	1	1	3	4	4	4	2	2	3	1	6	6	6	2	5	3	7	2	1	5	3	2	3	2	6	
4	2	1	4	7	7	5	2	2	2	5	4	6	6	5	2	2	2	3	3	2	2	1	1	2	2	3	2	7	9

				13	1	14
			9	1	1	13
					7	13
				8	5	6
				8	5	9
				11	7	5
	3	1	6	3	2	1
2	1	4	2	2	2	2
		2	5	2	1	7
		1	5	1	4	3
		6	2	2	3	2
			6	4	2	1
				3	3	1
					6	4
					6	3
				8	1	4
				4	8	2
			8	1	4	1
			3	5	4	1
				4	2	2
				2	2	1
				1	3	2
				7	2	3
			2	4	3	2
			4	3	2	2
				5	5	2
				3	5	5
					5	4
						9
					3	4

난이도 ●●●●●

C88 아름다운 춤을 지탱하는 발

Row clues (top → bottom):

#	Clue
1	6 2 1
2	2 1 2 1
3	1 3 2 3
4	1 5 3 2 1
5	4 1 2 4 2 2
6	3 1 2 2 2 2 7
7	2 3 3 5 2 1 3
8	1 4 2 4 2 1 1
9	1 2 3 4 2 1 1
10	5 2 3 1 2 1 1
11	2 2 2 5 1 1
12	4 4 3 1 2
13	3 2 2 4 2 2
14	1 1 2 4 2 1 2
15	1 3 3 2 1 1
16	1 2 3 4 2
17	1 2 4 1 1
18	1 1 3 3 1 1
19	2 2 3 3 1
20	1 2 2 1 1 1
21	1 5 2 2 1
22	2 3 6 1
23	1 3 2
24	1 1 2 1
25	2 1 1 1
26	1 2 1 1
27	7 6 4
28	8 6 5
29	8 8 6
30	30

Column clues (left → right, each listed top → bottom):

Col	Clue
1	10 4
2	2 3 1 4
3	1 2 1 4
4	1 2 11 4
5	2 7 4 4
6	1 8 5 4 4
7	2 2 3 6
8	4 2 3 3
9	2 2 2 1
10	4 2 2 1
11	2 2 2 1
12	2 3 2 1
13	2 2 2 1
14	4 2 2 2
15	2 5 9 3 5
16	16 9
17	13 4
18	2 4 4
19	2 1 7
20	1 2 1 4
21	2 2 1 2 2
22	1 2 2 2 3 1
23	2 2 2 1 4 1
24	2 2 2 1 4 1
25	2 2 1 6 9 2
26	1 4
27	8 4
28	1 3 4
29	2 3 4
30	1 7 3

난이도 ●●●●●●

C89　멍멍아, 산책 갈까?

세로 힌트 (열, 위→아래, 6개씩 묶음)

열 1–5	열 6–10	열 11–15	열 16–20	열 21–25	열 26–30
		4	4 3	2	9 1
2 1	9 9 5	4 1	2 1	2	9 2 9 · 9 9 · 9
2 3 2	5 · 1 2 4	2 6	2 1	4 8 1 4 9 9 2 9	1 2 · 2
2 5 2 1	2 8 1 2 5	1 2 5 1 3	2 1 3 1 2 4 2 1	1 4 9 1	4 9 10 11
3 5 2 8 3	2 1 1 1 1	1 3 4 1 1	5 1 3 1 1	1 1 1 1 3	2 1 2 2 12
3 3 2 1 2	2 1 2 2 1	1 2 5 2 2	6 1 1 2 1	1 1 1 5 1	2 2 1 2 7
11 4 2 2 4	4 5 3 3 2	2 3 4 2 4	1 2 3 1 2	1 1 1 1 1	1 2 2 2 3

가로 힌트 (행)

1. 5 9 13
2. 4 11 12
3. 1 13 11
4. 3 9 3 11
5. 10 2 2 11
6. 9 1 3 12
7. 3 5 2 12
8. 2 5 1 12
9. 5 1 2 12
10. 3 2 3 3
11. 2 2 1 6 2
12. 2 4 3 2 3 1
13. 1 2 2 1 5 2
14. 2 1 1 1 4 2 2
15. 1 2 1 2 2 1 1
16. 1 1 1 1 2 1 1
17. 1 1 6 2 1 2 1
18. 1 1 2 1 8 1 1
19. 1 1 1 4 2 1
20. 1 1 1 2 3 2 2
21. 1 3 5 1 3
22. 1 10 2 1
23. 3 1 2
24. 2 3 1 1
25. 1 2 10 1
26. 2 2 3 3 1
27. 5 3 1 6 1
28. 5 2 5 2
29. 11 1 1 3
30. 11 11

난이도 ●●●●●●

C90 찐 것? 구운 것? 삶은 것?

Row clues (top to bottom):
- 18 1
- 3 1 2 9 2
- 4 2 2 2 6 3
- 3 2 1 1 2 7 3
- 2 2 1 2 3 4
- 2 1 4 4
- 4 5 5
- 1 11 4
- 3 5 2 5 5
- 4 4 1 1 2 3 4
- 5 1 2 1 1 1 4
- 4 2 1 2 3 1
- 2 2 1 1 3 2
- 3 1 1 3 3
- 2 2 2 3 4
- 2 1 2 2 2
- 4 2 2 2 1
- 2 6 5
- 3 3 3 2 3
- 9 2 2 2 1 2
- 7 2 1 1 2 3
- 4 1 3 1 2 1
- 3 2 1 3
- 1 2 1
- 3 1 2
- 2 2
- 4 2
- 6 4
- 7 5
- 16

난이도 ●●●●●●

C91 무림계의 고수가 수련한 곳

		5				6					3	6	4	3	2 2 1		2 3 2				4	2 2 2 2 1	
5		3	5	5		1	13	3		5	4	2	1	1	1 1	1	2 1			1	1	2 2 3 1	
3	13	2	2	2	14	1	1	3	2	2	3	3	1	2	3 1	1	1 2	7	2	1	4 3	3 5 3 7 3	
2	1	1	1	1	1	4	4	3	3	3	1	1	4	3	1 6	3	6 3 1	3	7	2 2	1	1 2 5 4 4	
1	1	4	4	4	4	1	1	1	1	1	2	2	2	3	1 2	3	2 3 1	2	1	2 4	1 1	1 2 6 6	
4	4	1	1	1	4	4	1	1	13	2	1	2	2	3	1 3 3	4	3 4 10	1	1	2 5	2	2 4 2 2	
6	7	3	4	1	6	1	1	1	1														

Row clues (top to bottom):

```
                    2 6 4
                  8 8 2 1
          8 1 5 2 2 2
              10 4 1 1 2
              10 1 1 1 2 6
               9 1 1 1 3 6
       1 1 1 2 1 1 1 1
         3 1 1 2 3 4 2
             3 1 1 2 3 2
             3 1 1 2 6 2
             1 1 1 2 1 2
   1 1 1 2 6 1 3 3
         6 1 1 3 3 4
              10 4 1 4
               2 1 2 1 4
             10 2 2 1 3
               1 3 3 3
                 1 3 7
              10 3 3 3
                10 6 1
                16 3 5
                11 4 4
                 2 3 3
                10 5 2
             2 1 2 6 2
         2 1 2 3 2 2
           2 3 2 3 7
       4 1 3 3 1 1
             4 6 3 7
               3 3 7
```

난이도 ●●●●●

C92 잠깐 눈을 붙여요

Row clues:

- 2 6
- 2 10
- 2 13
- 2 15
- 2 15
- 2 5 9
- 2 7 4 10
- 2 5 7 3 5
- 2 3 2 5 4
- 2 1 1 2 1 1 4
- 2 2 1 2 1 1 1 3
- 2 1 1 1 2 1 1 3
- 4 1 1 1 2 1 3
- 3 2 1 1 1 1 2
- 3 1 1 1 1 2
- 2 2 2 1 2 2
- 2 1 3 2 4 3
- 1 2 3 1 2 6
- 1 5 4 4 2
- 1 10 12 1
- 1 12 2 1
- 1 3 5 1
- 1 2 3 2 1
- 1 2 3 2 1
- 1 2 4 2 1
- 2 2 5 4 4
- 2 3 22 1
- 3 6 2
- 8 2
- 4 2
- 1 4 2
- 2 4 2 5
- 3 4 15
- 4 18
- 5 7 4

난이도 ●●●●●

C93 맛있는 요리를 만들어요

Row clues (left to right):
- 2 24
- 2 7 2 5
- 2 6 4
- 1 4 3
- 1 1 1 3
- 1 1 2 3 2 4
- 1 1 5 14
- 1 1 3 5
- 11 4
- 11 2
- 2 2 3
- 8 4 4 4
- 5 4 2 2 5
- 3 1 2 3 2
- 1 2 1 2 1 2 4
- 2 2 4 3 2 3
- 1 2 2 2 3 2 1
- 1 2 2 7 2 2
- 2 3 1 4 2
- 2 2 2 2 2 1 4 1
- 1 7 2 2 5 1 5
- 1 2 2 1 2 3
- 4 5 10 1 1
- 3 1 1 1 3 1 1
- 1 2 5 11 1 1
- 1 1 3 7 3 2 1
- 1 2 5 5 4 2
- 2 4 2 1 6
- 2 4 3 3 4 1
- 6 1 9 4
- 4 2 1 1 2
- 2 2 1 1 3 7
- 6 7 7 7
- 7 12 8
- 8 10

난이도 ●●●●● ◐ ◌

C94 관악기의 아름다운 음색

(네모로직 / 노노그램 퍼즐 — 가로·세로 힌트)

세로(열) 힌트:
- 3 5 3 2
- 1 1 1 1
- 1 5 3 5
- 1 2 5 8
- 2 1 1 6
- 2 5 2 5
- 5 5 3 2
- 1 3 3 2
- 3 2 3 1
- 1 3 5 5 3
- 1 1 3 1 3 2
- 3 2 5 2
- 1 3 1 5 2
- 2 3 1 2 2
- 1 5 4 2
- 2 1 2 3
- 6 2 3 3
- 1 2 2 6 7
- 3 2 2 3 2
- 2 2 2 1 2 3
- 4 1 2 3 1 10
- 8 1 3 1 1 2 2 7
- 9 3 2 2 2 4
- 4 1 5 1 1 2 3 3
- 1 3 1 1 3 2 3
- 3 3 1 1 1 6 4 3 3
- 2 3 3 4 17 19
- 2 1 3 5 4 4 12 8 4
- 1 3 1 3 6 1 6 7 6
- 2 6 2 5 5 2 5

가로(행) 힌트:
- 10
- 12
- 7 4
- 2 6 3
- 2 5 3
- 5 4 3 5
- 6 1 4 1 2
- 1 7 3 3 2 2
- 4 12 2 4
- 6 1 2 6 4
- 2 5 5 6
- 5 2 1 14
- 1 2 1 5 5
- 2 8 2 4
- 1 2 5 5
- 2 1 3 5
- 1 2 1 6
- 2 4 2 6
- 7 3 1 3
- 6 2 2 2
- 7 1 1
- 10 4 2
- 1 2 2 2 1 1
- 11 1 1
- 2 2 2 2 2
- 12 12
- 2 2 2 2 1 6 4
- 12 2 2 1 1 1 5
- 1 2 2 2 3 1 1 1 1 2 5
- 13 1 2 2 1 1 5
- 2 1 2 2 2 2 5
- 2 1 2 2 2 2 4
- 2 2 1 1 2 2 4
- 2 2 11 2 2 2 3
- 2 2 11 1 2 1 3 3

난이도 ●●●●●

C95 한 걸음, 한 걸음

Nonogram puzzle grid.

Row clues (top to bottom):
- 4 10
- 17
- 18
- 4 8 3
- 3 2 2 1
- 4 1 3 2
- 8 1 2
- 3 2 1
- 2 1 1 2 6
- 2 2 4 8
- 2 1 2 2 2 7
- 1 1 3 1 4
- 2 1 1 2 2 1 3
- 1 1 4 1 1 1 1
- 1 1 2 2 1 3 2
- 1 7 3 2 2 2
- 1 1 2 2 2 2
- 2 2 4 1 2 4
- 13 3 3 2
- 1 2 5 2
- 1 1 7 2 1
- 1 2 1 1 2 2 2
- 2 8 2 6 3
- 2 5 2 2 5 1 3 1
- 4 1 5 5 1
- 5 1 14 2
- 6 1 16 4
- 5 2 15 4 1
- 5 1 15 2 1
- 4 2 14 1 1
- 3 2 10 3
- 3 2 7 4
- 4 2 10 4 1
- 6 25
- 35

난이도 ●●●●●

C96 둥근 테를 굴려요

													4						1			1	1											
													2	3			2	1	3	1		1	1					2	9			11		
6	6		9	9	9				13			5	8	2	1	10	2	4	1	2	1	2	1	1	2	2		1	2		10	1	11	
2	2		3	3	3		13	13	3	13	5	1	1	6	4	3	2	2	4	1	2	3	1	2	4	3	1	2	2	9	2	1	3	
3	3	6	3	3	3	9	3	3	2	2	9	8	1	2	4	1	2	2	2	1	3	1	1	2	2	2	9	1	1	1	3	2	1	12
3	3	2	2	2	2	2	3	4	10	8	3	5	1	1	5	2	2	1	2	5	7	3	2	1	1	1	2	2	2	9	2	1	1	9
10	12	3	2	1	1	2	2	3	1	2	3	5	5	5	5	5	5	3	2	3	9	3	3	3	3	7	3	2	1	1	4	5	8	6

					16	9	8
				15	2	2	7
				15	1	2	6
				14	1	1	6
				13	2	3	6
					11	15	6
				8	10	4	6
2	9	2	2	2	1	1	6
	2	11	1	1	1	1	6
			8	1	1	2	4
	2	3	8	2	3	5	3
2	3	9	2	2	2	3	1
			2	3	10	7	3
					6	1	2
	2	3	3	6	2	1	2
	2	3	3	3	4	2	1
	2	3	3	3	1	2	1
				4	2	1	1
			2	2	2	1	1
				3	1	3	5
			4	5	1	5	1
		8	3	2	7	3	1
				8	1	1	2
			3	3	1	1	1
				2	3	2	3
			2	2	1	2	3
			2	2	2	2	2
			2	2	1	2	2
			2	2	1	3	3
			2	2	1	1	7
		2	2	8	1	1	4
		2	3	8	1	1	4
			3	2	8	7	3
				3	3	8	8
					6	9	7

난이도 ●●●●●

C97 바다의 신

(네모로직 퍼즐 / Nonogram)

세로 힌트 (열 번호 순): 위쪽 단서

가로 힌트 (행 번호 순):

1. 1 1 2 9
2. 2 2 2 3 1 1 5
3. 2 2 2 1 9
4. 2 2 2 2 3 4
5. 2 2 2 4 4
6. 2 2 2 7 7
7. 2 2 2 4 2 8
8. 2 5 4 2 5
9. 7 4 3 7
10. 5 4 2 4
11. 2 3 5 3
12. 2 2 3 3 4
13. 2 3 1 2 5
14. 4 3 2 1 1 2 5
15. 2 2 5 2 4 1 1
16. 8 4 1 4 1 1
17. 1 1 1 3 8 2 1
18. 6 1 1 4 1 1
19. 2 4 2 1 1 1
20. 6 2 3 1 1 1
21. 2 2 4 1 1 2 1 1
22. 3 3 1 1 1 1 1
23. 2 1 2 1 2 1 1
24. 3 1 2 1 4 1 1
25. 3 8 4 1 2
26. 4 7 6 1 2
27. 2 2 7 1 2 2
28. 2 9 1 2 1 2
29. 3 5 2 3 1 3
30. 3 3 2 2 2
31. 2 1 3 2 1 1
32. 2 6 3 2 1
33. 2 5 2 2 1
34. 4 2 7 1 3 4 2
35. 4 2 7 1 6 3 3

난이도 ●●●●●

C98 연주를 이끌어요

																									2									
																									1		1							
																2					2	5		2	1	2	1							
	2										2		3		2	2	3	3			1	2	3	1	2	1	4			2				
	1	3		3					1		1		5	6	5	6	4	3			1	1	1	1	1	1	1	1	1	2	3	8	7	5
	1	1	7	1	3			4	2	5	2	3	1	1	1	2	3	2	8	2	2	1	1	1	2	1	2	8	7	2	2	7	4	5
	1	3	2	4	3	3	5	1	1	2	4	3	4	1	1	1	2	1	4	7	1	2	4	4	3	2	6	1	1	1	7	4	6	4
	3	1	2	2	2	9	2	2	2	2	3	4	4	3	2	5	6	8	9	3	2	2	10	3	1	1	3	4	4	4	4	11	10	8
13	2	2	3	4	5	7	9	8	7	6	5	5	2	6	4	2	3	2	1	10	10	9	8	7	3	6	4	9	10	11	11	1	2	3

					1	3	10
				1	4	5	4
		2	1	1	2	2	4
		1	1	2	1	2	3
		2	3	1	4	2	3
			1	4	2	3	4
		2	3	2	3	3	4
				1	2	3	2
		2	2	2	1	1	4
		5	1	2	9	5	1
	4	2	3	2	6	1	4
		1	6	1	2	9	5
5	3	2	1	3	2	1	5
	1	1	4	1	2	2	4
	5	2	1	1	4	3	2
		1	2	3	1	6	4
	3	1	2	2	1	3	1
	1	2	2	1	1	3	3
		2	4	1	3	4	5
	2	2	2	6	3	6	6
		4	2	2	2	3	8
1	1	2	2	3	2	4	1
	2	3	4	3	3	3	2
		8	1	5	3	2	4
		8	1	2	3	5	5
				8	8	3	6
				9	8	1	8
					9	8	9
					8	10	8
					18	1	7
				7	8	1	7
					2	7	8
				2	1	14	1
				2	3	12	2
				2	4	10	3

난이도 ●●●●●

C99 사랑에 빠지게 만들어요

Row clues:

- 4 30
- 4 11 2 9
- 5 5 7
- 1 5 3 7
- 1 5 2 6
- 1 5 2 1 1 5
- 2 3 2 7 5
- 4 2 1 3 2 2 5
- 8 1 2 1 1 5
- 4 3 2 3 1 3 4 5
- 5 1 2 2 2 2 6
- 9 2 2 1 4
- 7 3 1 3 3 2
- 8 3 3 2 2
- 11 2 2 3
- 1 2 7 5
- 5 1 3 2 3
- 5 1 2 3 2 1
- 1 2 2 2 2 4 2
- 2 2 2 2 3 1 1 1
- 3 3 2 2 3 1 1
- 8 5 4 2 2 1
- 8 3 5 1 6 2
- 9 1 3 4 2 2
- 10 2 1 6
- 8 2 1 2 1 3
- 3 3 1 1 1 1 1
- 2 3 1 1 2 1 2 2
- 2 2 2 1 2 2 4
- 2 1 2 2 4 2 6
- 1 6 3 2 2 6
- 1 7 3 7 6
- 2 8 2 4 5
- 12 1 2
- 15

난이도 ●●●●●

C100 공을 네트 위로 넘겨요

난이도 ●●●●●

C101　다그닥~ 다그닥~

Row clues (top to bottom):

- 8
- 10
- 7 2
- 5 1
- 4 2 3
- 2 1 1 2
- 4 1 1
- 7 3 1
- 3 3 2 1 2 2
- 1 6 3 2
- 3 2 2 4
- 2 1 2 3 1 3
- 1 2 5 2
- 1 8 2 1
- 2 1 2 1 2 2
- 2 3 2 1 4
- 1 10 2 2 1
- 4 3 4 4 2
- 8 6 6
- 6 1 2 2
- 5 1 1 2
- 5 2 2 2
- 4 1 4 1 2
- 3 2 3 1 1 3
- 2 7 1 2
- 2 2 3 4 2
- 4 2 4 2 3 2 2
- 1 3 5 2 3 6
- 2 2 9 2 3 1
- 1 2 2 1 1 2 2 3 2
- 2 4 3 1 4 2
- 2 3 6 4 3
- 3 13 3
- 3 3
- 35

난이도 ●●●●●

C102 실험을 해요

Column	Clues
1	8
2	1 1
3	8
4	7
5	5 1 1
6	2 9
7	2 2 5
8	3 1 1 1
9	2 1 1 1
10	1 5 1 1
11	6 1 2 5
12	9 4 1 1 1
13	7 1 2 2 1 1 1
14	9 4 3 1 1
15	8 3 2 3 1
16	4 1 1 14 2 1
17	3 1 2 2 1 9
18	3 1 2 1 1 1 1
19	3 1 1 1 1 4 4 1
20	3 4 1 1 2 1 6 1
21	3 1 2 4 1 7 1
22	3 6 2 12 4
23	3 1 2 2 1 2 1
24	3 1 2 2 2 5 4 1
25	6 3 5 4 4
26	3 4 1 7
27	1 2 5
28	1 8 5
29	2 2 5
30	2 5 3 1
31	4 4 1 1
32	2 1 2 1 2
33	1 1 7
34	2 2 1 3
35	8 1

Row	Clues
1	13
2	15
3	16
4	6 2
5	5 1
6	10 5
7	5 3 1
8	2 2 2 1 3 1
9	1 1 5 5
10	2 1 1
11	1 2 1
12	1 3 1
13	2 2
14	5 2
15	2 8 4
16	4 1 1 2 2
17	2 1 1 4 1 2
18	1 2 1 4 1 2
19	2 1 1 1 1 1 2 2
20	1 1 1 1 5 1 7
21	1 1 4 3 4 2
22	1 7 1 1 1 1 1
23	1 4 1 2 2 1 1 1
24	1 1 3 1 1 2 2
25	1 7 1 1 5
26	1 2 4 2 1 1 1
27	2 2 4 1 2 2 1
28	3 2 4 1 4 1 2 2 1
29	1 9 1 1 2 2 1 2
30	1 2 1 1 3 2 9
31	1 2 2 1 2 1 6 2
32	1 2 2 1 1 1 6 2
33	1 2 24 4
34	1 2 2 8
35	7

난이도 ●●●●●

C103 강아지야, 어디가 아프니?

난이도 ●●●●●

C104 그림을 그려줄게요

Column clues (top to bottom)

Column	Clues
1	4 9 1 3
2	4 15 1 5
3	5 1 15 5
4	5 1 12 5
5	5 1 11
6	2 4 5
7	4 1 8 9 5
8	8 12 15
9	8 3 1 5 15
10	4 2 1 1 2 9
11	3 1 3 2 1 1 2
12	6 2 2 1 4 1 4
13	6 1 13 6
14	6 1 5 2 1 3 5
15	6 2 1 2 3 5
16	7 5 5 3 5
17	7 6 4 4
18	7 2 3 2 3
19	7 2 1 5 2
20	7 4 1 2 4
21	7 3 3 1 5 1
22	7 3 2 3 1 1 2
23	4 2 1 2 4 1
24	3 5 2 4 1 1
25	2 8 2 1 2 3 1
26	1 3 2 2 2 1 2
27	4 2 2 8 2 3 5 2
28	3 4 11 1 1 1 10
29	4 2 2 1 7 3 5 2
30	2 2 1 1 1 5 1 1 1 6 2
31	1 2 2 1 1 5 2 7 2
32	1 2 2 2 9 12
33	1 3 11 12
34	2 5 3 7 10 2
35	2 3 3 2 9 5
36	1 7 2 11 3
37	3 6 2 5 3
38	1 2 4 6 6 4
39	2 4 3
40	4

Row clues (left to right)

Row	Clues
1	5 3 16 5
2	5 3 15 4 2 2
3	5 3 14 4 3
4	5 3 12 7 2
5	3 3 11 4 6 2
6	3 11 2 4 1
7	5 3 7 2 2 6
8	2 7 2 2 2 5
9	2 4 2 1 2 1 3
10	2 3 2 1 2 3
11	2 7 1 2 2 2 4
12	3 3 3 1 3 2 6
13	3 2 2 1 3 10
14	3 5 3 2 3 2 1
15	3 3 1 2 4 3 4
16	3 3 1 2 2 2 13
17	3 4 3 1 2 2 2 3 2
18	3 7 2 4 2 3 1
19	3 2 9 8 1
20	3 7 1 1 8 1
21	3 4 1 1 3 9 1
22	2 2 1 2 15 1
23	3 1 4 1 1 3 5 1
24	3 1 1 1 2 2 1 1 2 2
25	5 1 6 1 2 3 1 2
26	3 12 4 2 1 4
27	13 2 3 3 1 6
28	7 2 4 1 1 2 5 1
29	6 3 1 3 3 6 1
30	2 3 2 2 7 1
31	3 3 3 15 2
32	2 3 2 10 1
33	3 3 3 10 1
34	2 3 2 10 2
35	3 2 3 8 1
36	2 3 2 1 1 2 1
37	3 3 3 1 1 1 3
38	2 3 3 1 1 5
39	2 3 2 7 6
40	3 6 5

난이도 ●●●●●

C105 멋진 선율을 들려줘요

Row clues (top to bottom):

- 5 2 7
- 5 5 9
- 1 1 5 2 3
- 1 1 1 1 2 2
- 1 1 1 1 2 1
- 1 3 2 1 1 1
- 3 3 3 3 2 2
- 3 2 3 3 2 4
- 2 2 2 4
- 6 2 2 3
- 9 2 2 1
- 10 2 2 1
- 11 2 2 1
- 8 2 2 2 1
- 4 1 1 2 3 2
- 4 1 2 2 2
- 4 2 2 3 2
- 4 1 2 2 2
- 8 5 5 3 2
- 2 3 4 3 14
- 2 4 4 1 5 9
- 1 1 5 1 7 2 2
- 1 2 4 1 8 1 4
- 2 1 6 1 17
- 1 1 3 7 10 5
- 1 1 18 5
- 1 1 1 11 5
- 1 2 1 2 2 5
- 1 10 3 4
- 1 1 8 3 1 2
- 1 16 5 2
- 2 2 10 8 2
- 3 2 2 13 2
- 3 1 1 8 2
- 3 7 2 4 2
- 13 1 4 5 2
- 12 3 4 4 5 2
- 2 7 2 4 5 3 6
- 2 2 2 6 5 3 9
- 2 2 5 5 3 9

난이도 ●●●●●

C106 공을 던지는 묘기

세로 힌트 (열 힌트) — 왼쪽부터 오른쪽 40개 열

```
                                         3
                                         3   3            3        3
                               1         1   3      3  3  3  3  3  3
                               3         3   2  3   3  2  1  3  1
                               2     2   3   1  2  3 2  1  2  6  2   9  2
              5  5  2   5  3 3 2 1 5 2 5 2 6 1 1 1 1 2 1  7  5  5    3      5       3   1  5
           3  5  5  1 3 1 8 5 3 5 6 6 6 5 10 2 2 7 9 3 2 1 2 3 2 2  3  1 2 5 5 3 3 2 3 3 1
           3  2  1  1 3 5 5 2 5 5 4 6 5 5 2 2 5 1 1 1 1 1 1 7 4 1 1 1 1 1 2 1 2 1 1 2 2 1 3
           3  2  1  5 3 3 2 2 1 1 1 4 2 1 7 5 1 1 1 1 2 1 1 3 2 1 8 2 1 1 1 2 2 8 1 2 2 2 2
           4  5  6  1 4 3 3 1 1 1 1 2 1 1 9 1 4 2 1 4 1 5 1 2 1 11 1 1 5 1 2 2 2 1 1 2 2 2 2
        16 10 10 12 10 12 4 3 3 3 3 3 2 1 1 3 4 2 2 4 1 1 5 1 2 4 3 10 1 2 15 8 14 15 8 15 14 8 15 8
```

가로 힌트 (행 힌트) — 위에서 아래로

```
                4 8
            2 3 10 4
          1 4 10 1 4
          4 6 1 1 6
          3 2 4 14 6
                6 14 4
                6 4 5
          4 3 1 1 4 3
            6 3 4 1 3
        3 4 1 2 1 4 5
            5 4 4 4 5
        3 1 3 2 1 3 3
            5 1 2 2 2
            3 2 5 1 3
            3 2 5 1 5
    4 1 3 8 4 3 1 1
  2 1 1 4 1 1 1 4 1 2
        1 9 5 1 2 2
            2 15 5 4
                18 1 2
            9 5 7 3
            1 6 5 2 6
            3 5 4 2 3
            5 2 7 1 5
          7 3 1 2 1 2
        8 2 1 2 2 3 2
        9 2 2 2 2 5 2
          1 1 1 1 2 12
  1 3 1 1 3 4 1 2 2 1
1 1 1 1 2 4 4 1 2 2 1
  9 1 3 2 1 3 1 2 2 1
  8 1 3 2 1 3 1 2 2 1
          7 7 7 2 10
          6 2 7 5 10
          6 1 3 1 2 10
          6 8 4 2 10
          7 10 2 2 10
       12 3 1 1 4 10
       13 5 1 4 11
            15 11 12
```

난이도 ●●●●●

C107 안타를 쳐주세요

							5	5		4	3																												
							2	3		1	3	2	1							1	2	1			1	1	2		2										
							1	1	5	1	1	1	3		2			4	1	1	1	1		1	2	1	5		2	2	2					2	1	2	
				6		10	3	2	1	3	5	2	2	7	4	5	10	3	2	2	1	1	7	2	2	1	2	7	2	2	2				3	2	2	2	
	2	2	3	2		4	2	3	1	2	1	6	7	7	6	6	1	1	1	2	1	2	1	3	2	2	3	9	3	9	2	2	1	2	1	2	2	2	3
2	5	5	11	4	10	2	2	2	8	5	1	1	2	2	2	2	1	2	6	3	5	2	2	2	2	3	3	4	4	5	3	2	3	3	2	3	4	4	5
5	2	1	3	6	9	3	6	6	6	2	2	1	2	1	2	3	8	2	2	3	3	3	3	10	7	5	2	2	1	1	5	3	3	3	3	3	3	3	3
4	3	2	1	1	10	6	3	4	4	5	5	5	6	6	7	7	7	7	5	4	3	5	9	1	1	1	1	1	2	1	3	6	10	10	10	10	10	10	10

							6
							8
							12
						8	2
						7	2
						4	6
						8	9
			5	1	5	7	3
	2	1	6	1	2	2	2
	3	2	4	1	1	1	1
			1	5	1	11	5
			1	2	3	4	3
		1	4	2	4	2	2
			1	11	2	2	2
				2	8	6	3
			1	8	4	2	3
			2	6	3	2	2
				2	9	2	2
			1	4	1	2	2
				2	2	2	1
					32	2	3
				10	4	13	6
	1	1	2	3	1	1	5
1	1	1	1	1	1	1	3
	1	1	2	1	2	1	1
	1	1	1	1	1	1	1
			9	1	1	2	15
			9	1	1	1	15
			7	3	2	2	14
				5	3	3	1
			4	5	5	1	13
			6	3	2	4	13
					13	6	13
			2	9	4	7	12
			1	6	6	6	10
			1	3	10	7	8
			2	2	13	9	7
		1	1	15	4	1	7
		2	1	15	1	3	7
				4	15	7	7

난이도 ●●●●●

C108 사람들에게 힘을 주는 노래를 해요

난이도 ●●●●● 최상

C109 완주했어요!

																						3			2	2													
																						1	2		2	3													
								1	1			2							5			1	2		2	2													
							2	3	1	2	1	2	8					10	3	6	3	1	2	2	5	3	7	3											
				3	4	2	6	6	7	1	1	2	1	6		6	13	2	2	2	1	2	4	2	3	2	3	2	1			1	5						
				5	5	6	1	1	1	2	3	2	1	2	6	5	1	1	1	1	2	3	5	1	4	4	1	1	2	3	1	6	1	2	1	1	1	1	
6	6	6	8	1	1	2	1	1	2	1	2	1	1	1	2	1	2	1	1	1	1	2	3	10	3	2	4	5	1	2	3	7	7	7	7	8	8	8	1
1	1	1	1	2	2	4	3	1	3	4	1	3	1	2	1	4	1	1	7	5	1	1	1	13	1	3	1	1	5	6	6	6	5	4	3	2	1	1	8
9	9	9	9	4	2	1	1	1	1	5	6	7	7	8	11	9	9	8	1	1	2	1	1	1	1	1	6	7	9	8	7	1	2	3	4	5	6	7	9

						8
						10
					7	2
					5	1
				5	2	2
			3	1	1	2
					3	3
				4	4	1
				3	2	2
				3	2	4
			8	4	1	1
		4	7	1	3	1
		2	8	3	1	1
		2	5	7	2	2
		1	5	3	1	1
			1	8	5	1
		2	1	1	5	1
1	1	2	2	1	2	6
		2	1	2	2	4
		1	3	1	3	2
			4	7	9	4
			11	2	6	8
				10	10	10
				10	5	12
					12	16
					7	23
					6	18
				7	1	17
		7	1	3	1	1
				1	6	1
			2	1	2	1
				10	6	16
		7	7	3	8	1
	4	1	9	2	8	2
	4	2	10	1	8	3
	4	1	11	4	8	4
			5	12	9	5
			5	10	6	6
			6	12	4	7
				18	9	8

난이도 ●●●●●●

C110 엄마 등에 업혔어요

Row clues (top to bottom):

- 11 5
- 13 5
- 15 8 3
- 9 4 8 2 1
- 7 2 10 2 1 3
- 6 7 5 2 7
- 10 6 6 3 1
- 6 2 7 3 5 3 2
- 4 1 2 6 2 3 1 2
- 4 2 3 1 4 1 3
- 4 4 7 5 1 2
- 5 2 11 2 1 1
- 6 4 2 3
- 7 2 8
- 9 2 1 2
- 6 2 1 5 4 1 1
- 6 1 1 4 2 4 1 1 1
- 7 1 5 4 4 1
- 9 3 2 2 2
- 8 2 1
- 8 2 3 2
- 9 3 8
- 9 3 5
- 11 2 5
- 12 2 4
- 3 3 3 5
- 12 1 1 7
- 1 1 1 1 4 3 1 8
- 1 1 1 2 1 3 1 8
- 1 1 1 1 2 1 5 2 8
- 1 1 1 1 2 18 8
- 1 1 1 1 2 5 6 2
- 1 1 1 1 2 1 7 2
- 12 1 6 2 2
- 1 4 2 1 1 8
- 9 3 2 1 4 1
- 9 3 1 4 10
- 14 5 10
- 14 9
- 14 9

난이도 ●●●●●●

C111 조개를 캐볼까요?

NemoNemo Logic Vol. 40
PART D

SIZE: 45×45 50×50

D112

난이도 ●●●●●●

D113

난이도 ●●●●●●

D114

난이도 ●●●●●●

D115

난이도 ●●●●●●

D116

난이도 ●●●●●●●●

D117

난이도 ●●●●●●●

D118

난이도 ●●●●●●●

D119

난이도 ●●●●●●●

D120

난이도 ●●●●●●●

Row clues (top to bottom):

- 6 6
- 4 6 4 4
- 6 9 2 2 4 3
- 7 2 1 2 6
- 4 31
- 8 5 11
- 6 2 3 4
- 9 3 7
- 2 9
- 3 2 3
- 7 2 2
- 2 3 2 7 4
- 10 5 1 3 3
- 4 11 2 9
- 6 5 10 5
- 10 7 4 4
- 2 6 5 1 4 4 3
- 13 4 1 5 4 2
- 6 4 3 1 1 1 2 3 1
- 1 6 4 3 1 1 2 3 1
- 3 3 3 1 1 1 5 3 2 2
- 4 4 1 1 1 8 3 3
- 1 6 1 1 1 2 4 1 1 4
- 1 1 1 3 5 7 1 2 1 1 5
- 1 1 1 3 5 3 1 2 1 7
- 1 2 1 4 4 1 1 4 7
- 1 1 2 1 1 4 1 2 9
- 1 3 1 6 1 1 3 1 5
- 2 2 1 1 5 1 1 1 7 4
- 1 1 1 5 2 2 1 1 2 1 2
- 1 1 1 1 7 2 1 1 2 1 1
- 1 4 2 11 5 1 2 2
- 4 4 6 2 3 1 7
- 3 2 2 21 3
- 2 2 27 5
- 1 2 6 23 6
- 6 2 3 3
- 3 1 4 3 2 4 2
- 4 2 2 1 2 2 7 1 2 1
- 2 2 2 2 2 1 7 2 1 1
- 1 4 1 1 2 3 7 3 1
- 2 3 1 3 5 8 3 2
- 3 2 2 3 7 2 1 1
- 2 2 1 5 5 7 4 1 1
- 3 2 2 5 5 2 2 6 1 1

난이도 ●●●●●●

D122

난이도 ●●●●●●●●

D123

난이도 ●●●●●●●

Row clues (top to bottom):

- 5 2 5 4
- 9 2 7 9 5
- 10 4 1 2 4 10
- 6 2 4 1 2 5 9
- 4 4 5 1 19
- 2 2 7 1 19
- 2 5 3 1 2 11
- 1 3 3 1 4 10
- 3 3 3 3 1 3 10
- 1 7 3 10 3 10
- 1 9 2 4 11 3
- 2 7 9 5 6 3
- 1 3 1 3 2 6 2
- 2 3 1 6 2 3 8
- 1 4 1 7 1 2 5
- 6 15 1 1 4
- 4 8 1 3
- 4 6 3 4
- 5 4 2 6
- 7 2 12 6 6
- 4 9 10 3 3 2
- 3 1 1 8 2 1 2
- 2 4 7 2 1 1
- 2 3 6 5 3 2
- 1 3 2 2 5 5 4
- 1 2 2 7 2 2 3 4
- 1 2 1 8 2 6 4 2 4
- 1 2 1 2 2 1 7 2 2 6
- 1 3 1 1 1 1 1 1 3 8 4
- 1 3 1 1 2 1 1 1 2 1 2 8 3
- 2 2 1 2 2 1 1 1 2 2 2 1 3
- 2 3 2 2 2 1 2 3 4 1 1 1 1
- 3 1 1 1 5 2 6 2 1 1 1 3
- 3 3 8 2 1 2 2 2 2 3
- 4 3 5 5 2 2 4
- 6 5 4 6
- 8 5 7
- 7 7 10 5
- 1 5 8 9 3 5
- 2 6 11 3 1 4
- 2 2 5 3 2 3
- 1 2 9 7 1
- 1 3 33 1 4
- 1 3 7 18 5 6
- 2 3 5 8 2 4 6 5
- 2 3 4 10 1 3 8
- 3 4 4 4 9 2 8
- 3 4 2 4 2 2 4 4
- 2 2 2 2 3 2 2 7
- 2 2 2 2 3 1 1 8

D124

난이도 ●●●●●●●

해답

NemoNemo Logic Vol. 40

PART A

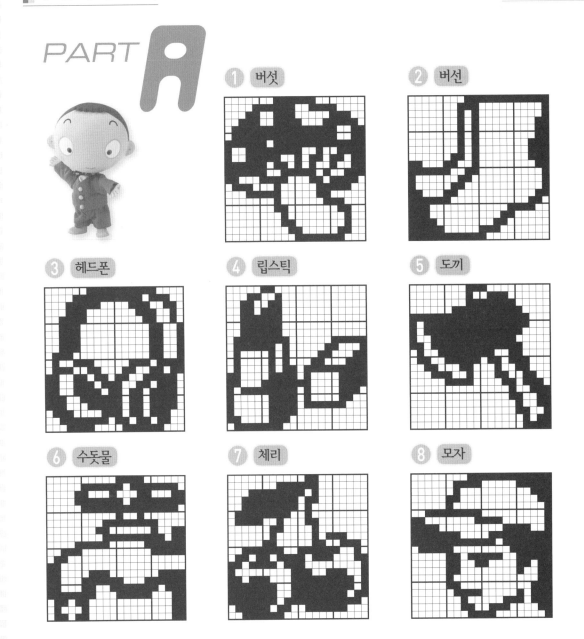

① 버섯

② 버선

③ 헤드폰

④ 립스틱

⑤ 도끼

⑥ 수돗물

⑦ 체리

⑧ 모자

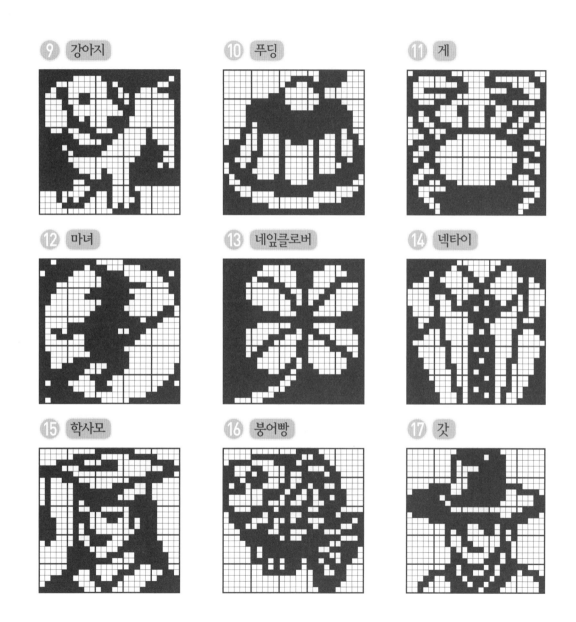

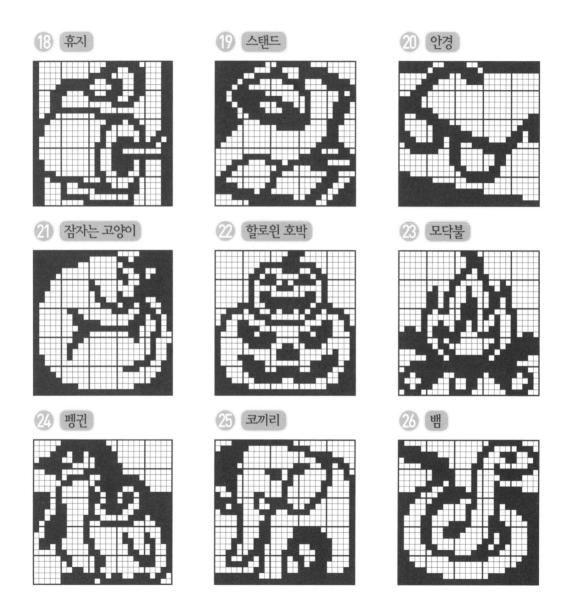

⑱ 휴지

⑲ 스탠드

⑳ 안경

㉑ 잠자는 고양이

㉒ 할로윈 호박

㉓ 모닥불

㉔ 펭귄

㉕ 코끼리

㉖ 뱀

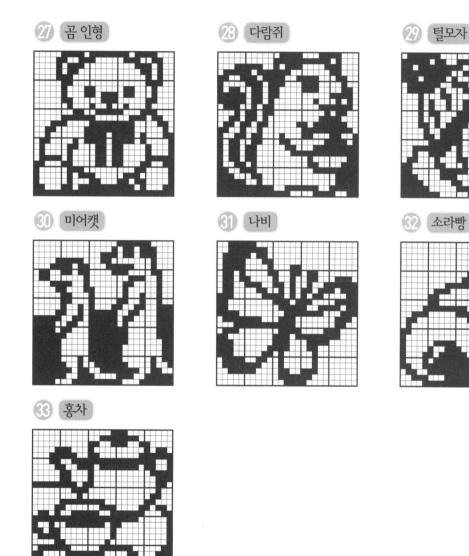

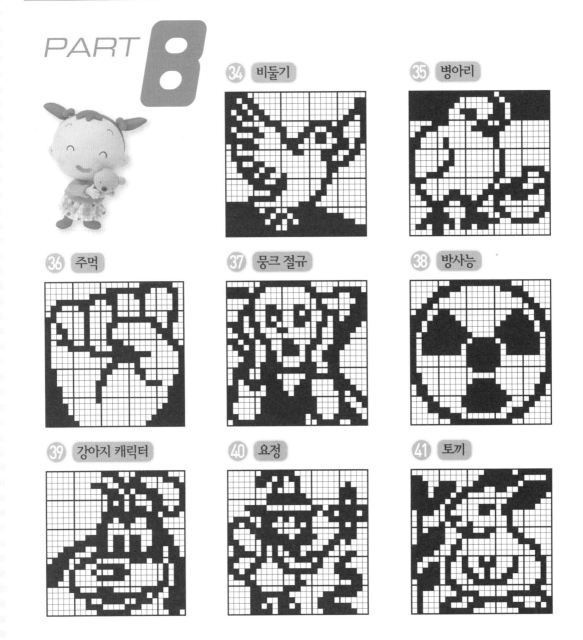

PART 8

③④ 비둘기

③⑤ 병아리

③⑥ 주먹

③⑦ 뭉크 절규

③⑧ 방사능

③⑨ 강아지 캐릭터

④⓪ 요정

④① 토끼

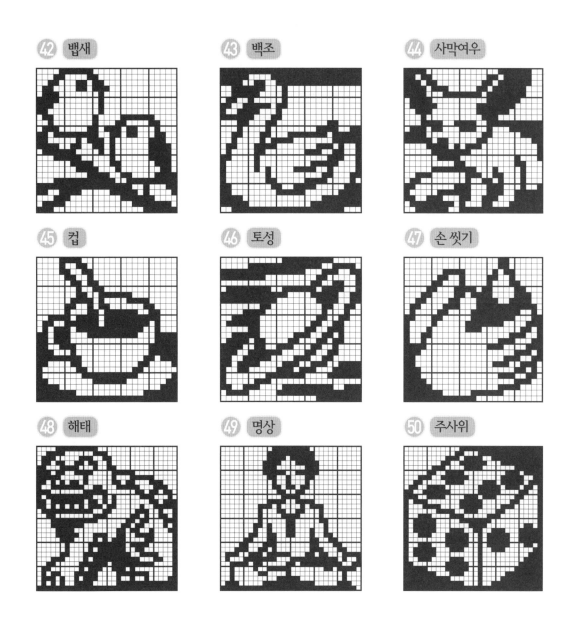

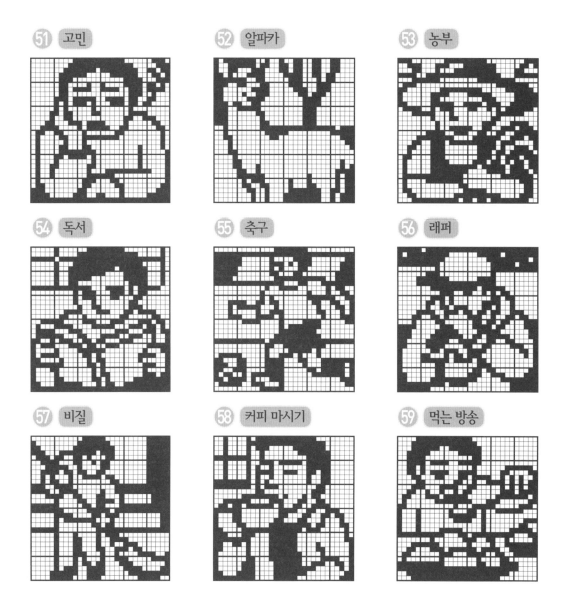

(60) 육아

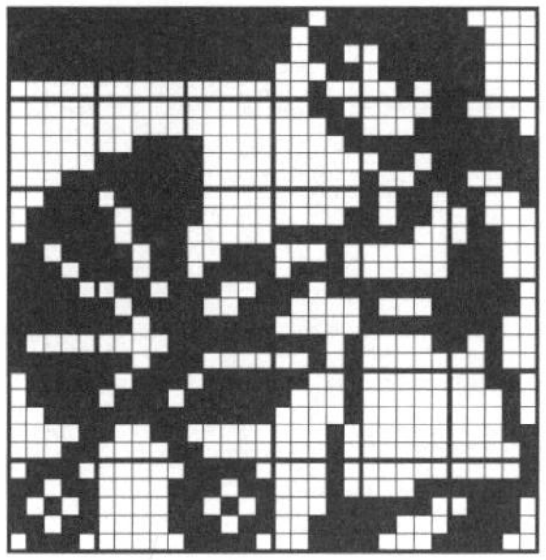

(61) 눈사람

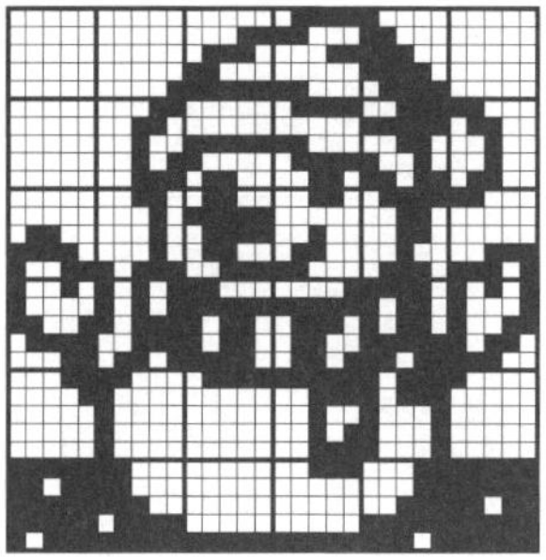

(62) 하모니카 불기

(63) 스키

(64) 유니콘

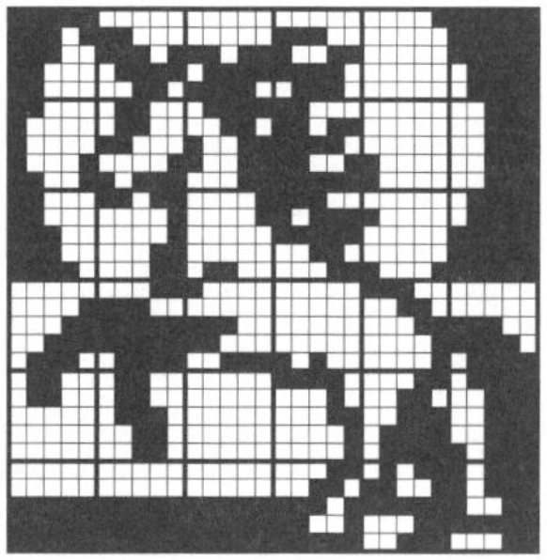

(65) 태권도

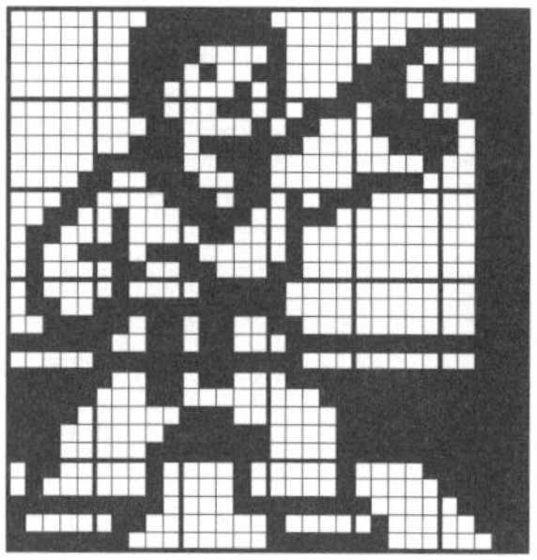

(66) 권투

(67) 의자

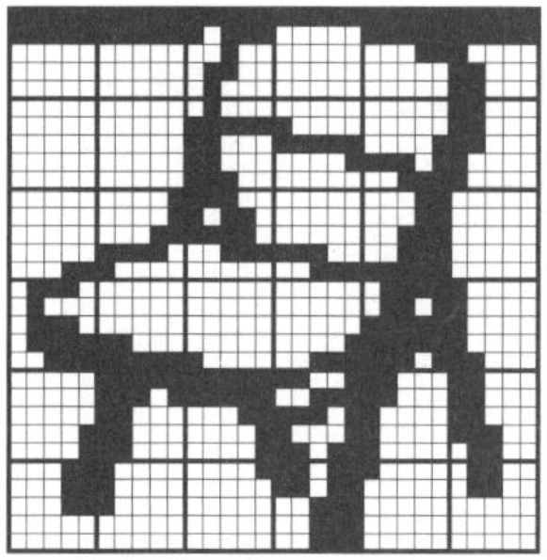

(68) 스케이트

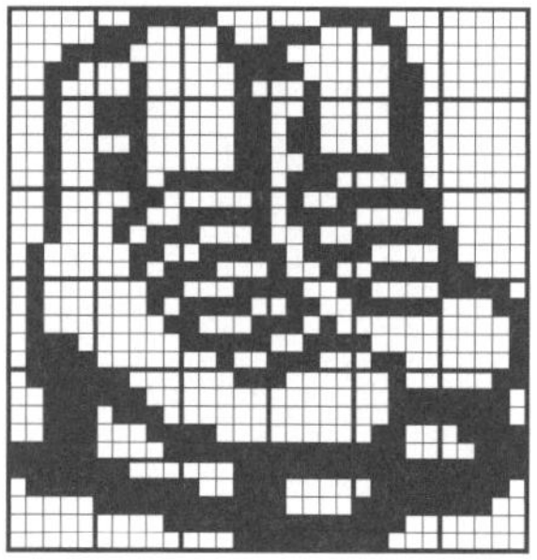

얼음낚시

 루돌프

⑦ 청소기

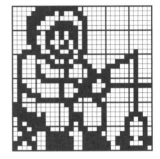

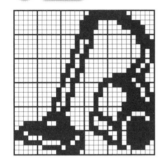

⑦ 공룡

PART C

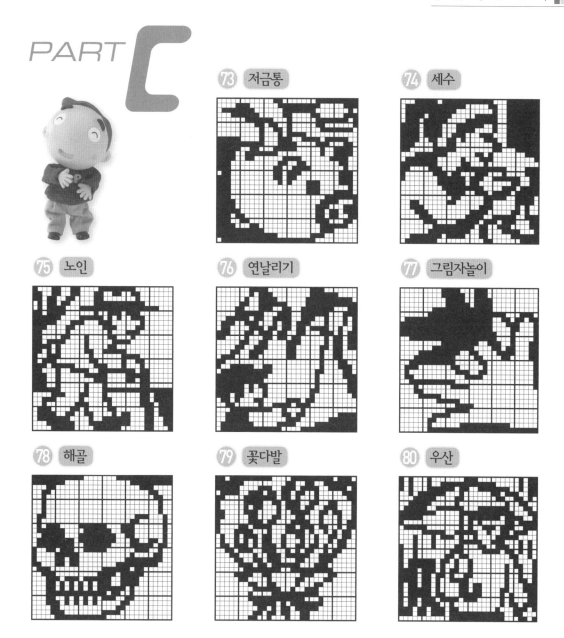

73 저금통

74 세수

75 노인

76 연날리기

77 그림자놀이

78 해골

79 꽃다발

80 우산

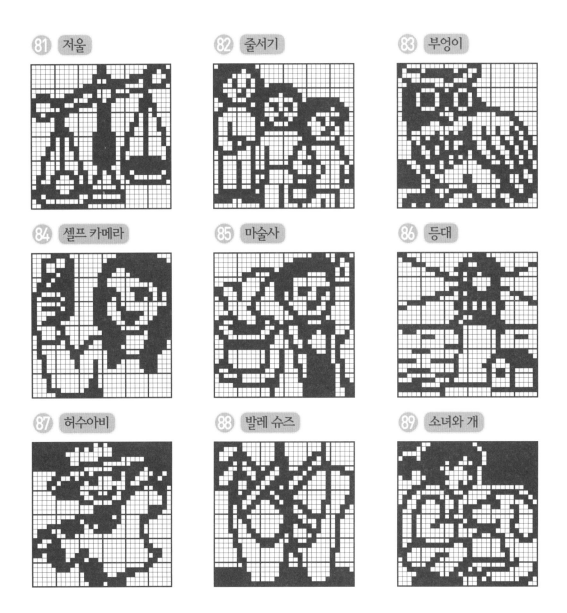

81 저울

82 줄서기

83 부엉이

84 셀프 카메라

85 마술사

86 등대

87 허수아비

88 발레 슈즈

89 소녀와 개

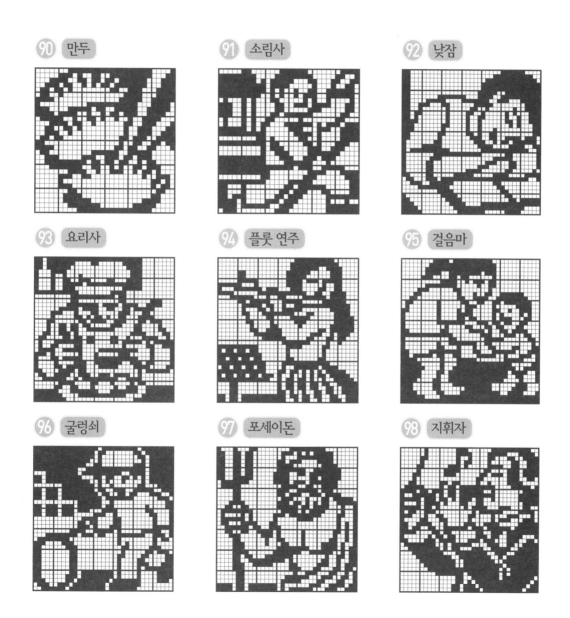

90 만두

91 소림사

92 낮잠

93 요리사

94 플룻 연주

95 걸음마

96 굴렁쇠

97 포세이돈

98 지휘자

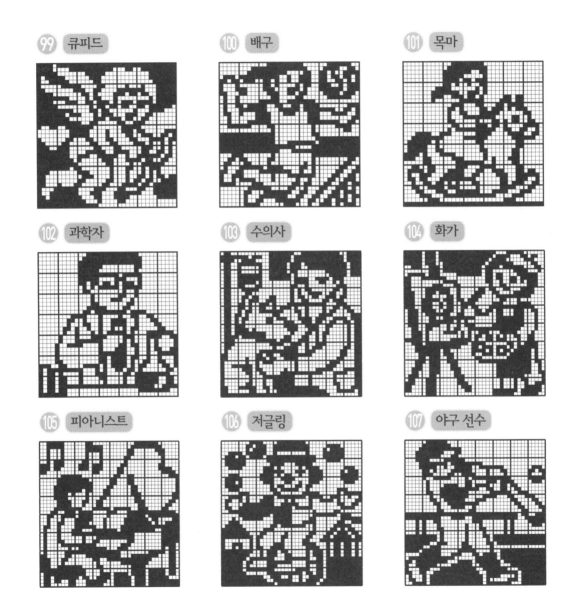

99 큐피드

100 배구

101 목마

102 과학자

103 수의사

104 화가

105 피아니스트

106 저글링

107 야구 선수

가수

 결승선

110 어부바

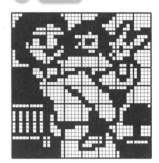

111 갯벌 체험

PART D

⑪⑫ 유람선

⑪⑬ 자동차

⑪⑭ 버스

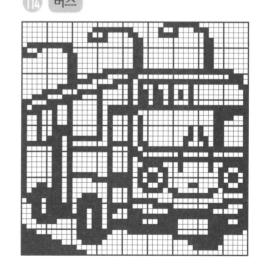

⑪⑤ 비행기

⑪⑥ 로켓

⑪⑦ 자전거

⑪⑧ 헬리콥터

⑲ 기차

⑳ 케이블카

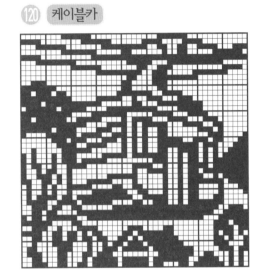

㉑ 킥보드

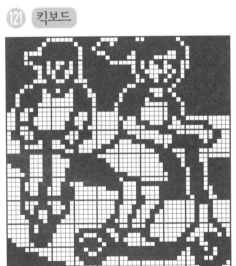

㉒ 오토바이

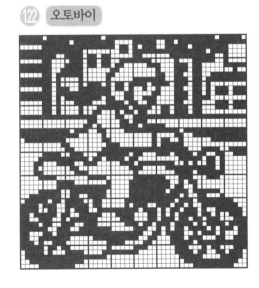

123 잠수함

124 마차

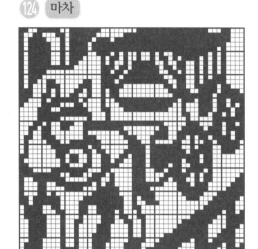

가족과 친구와 함께하는 즐거운 취미 생활

막힘없이 풀리니까 즐거움이 2배!

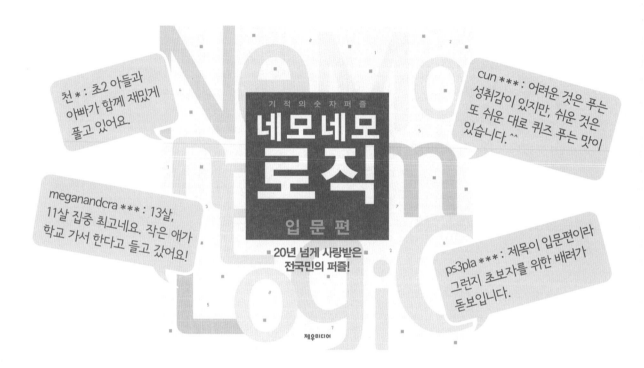

천 * : 초2 아들과 아빠가 함께 재밌게 풀고 있어요.

cun *** : 어려운 것은 푸는 성취감이 있지만, 쉬운 것은 또 쉬운 대로 퀴즈 푸는 맛이 있습니다. ^^

meganandcra *** : 13살, 11살 집중 최고네요. 작은 애가 학교 가서 한다고 들고 갔어요!

ps3pla *** : 제목이 입문편이라 그런지 초보자를 위한 배려가 돋보입니다.

기적의 숫자 퍼즐
네모네모
로직
입문편

20년 넘게 사랑받은 전국민의 퍼즐!

제우미디어

5 × 5 크기의 문제들로 시작해서 초보자도 쓱쓱 풀 수 있어요.
소중한 사람들과 함께 네모네모 로직의 매력에 빠져보아요!

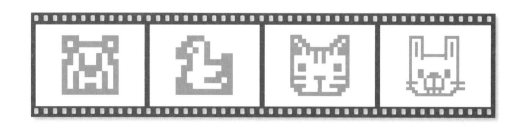

더 크고 정교해진 문제에 도전하세요!

독자들의 요청 쇄도로 탄생한 특별편

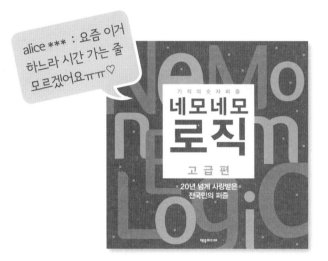

alice*** : 요즘 이거 하느라 시간 가는 줄 모르겠어요ㅠㅠ♡

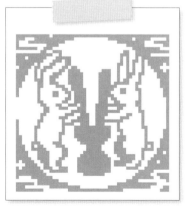

30 × 30 크기부터 60 × 60 크기의 문제들로 구성했어요.
고난이도 문제를 풀고 짜릿한 성취감을 느껴보세요!

네모네모로직 VOL.40

초판 1쇄 펴냄 : 2019년 12월 17일
초판 9쇄 펴냄 : 2023년 12월 20일

편   저 : 제우미디어
발 행 인 : 서인석
발 행 처 : 제우미디어
등 록 일 : 1992. 8. 17
등록번호 : 제 3-429호
주   소 : 서울시 마포구 독막로 76-1 한주빌딩 5층
전   화 : 02) 3142-6845
팩   스 : 02) 3142-0075

I S B N : 978-89-5952-840-0
           978-89-90886-83-5(세트)

※ 값은 뒤표지에 있습니다.
※ 파본은 구입하신 서점에서 교환해 드립니다.

만든 사람들
출판사업부 총괄 손대헌
편집장 전태준 ∣ **책임편집** 장윤선 ∣ **기획** 홍지영, 박건우, 안재욱, 성건우, 오사랑, 서민성
영업 김금남, 권혁진 ∣ **문제 디자인** 나영 ∣ **표지·내지 디자인** 디자인수